Tenho um dese

da Bíblia, e uma fru

da e a insegurança ¿ ....r........... a lata de conhecimento bíblico.

É por isso que fico feliz por você estar segurando este livro. Jen Wilkin leva a sério a necessidade de conhecermos o Deus da Bíblia. Ela é uma das melhores professoras da Bíblia que já tive a oportunidade de ouvir. Sua abordagem para ensinar as pessoas a crescerem no conhecimento das Escrituras é acessível e útil, independentemente de serem crentes há décadas e sentirem que é muito tarde para aprender ou de serem novos crentes que têm fome de conhecer e compreender o Deus da Bíblia.

Matt Chandler, Pastor Principal da *Village Church*, Dallas, Texas; Presidente da Rede de Implantação de Igrejas Atos 29.

Tenho visto olhos cheios de lágrimas à medida que as mulheres compreendem pela primeira vez que a Bíblia é, de fato, literalmente a Palavra de Deus. Que grandiosa misericórdia nos foi revelada — que o criador, que apenas falou para trazer à existência todas as coisas, deu-nos a sua Palavra.

Jen Wilkin conhece essa misericórdia no íntimo do seu ser. Ela tem provado e visto a bondade de Deus em sua Palavra, e deseja que toda mulher compreenda isso. Leia *Mulheres da Palavra* com sua Bíblia aberta e na companhia de suas amigas. Pense nesse livro como um *maître* de um banquete de estudo bíblico — sente-se, aqui estão os seus talheres, prove e aprecie-o.

Gloria Furman, esposa do pastor da *Redeemer Church of Dubai*; mãe, autora de *Glimpses of Grace* [Vislumbres da Graça] e *Treasuring Christ When Your Hands Are Full* [Valorizando Cristo Quando Suas Mãos Estão Cheias].

Jen vive aquilo que ensina. Seu humilde coração, ao esclarecer as Escrituras, bem como sua afeição pelas mulheres a quem ensina, torna-se evidente desde o momento em que a conhecemos. Estou tão feliz por ela ter sido obediente ao chamado do Senhor para escrever este livro! Ele tem servido para limpar a névoa de meu coração e mente no que se refere a estudar a Palavra de Deus, e, absolutamente, não posso esperar para adquirir muitas outras cópias dele para as mulheres em minha vida, as quais eu sei que também o amarão!

Bethany Dillon, cantora e compositora norte-americana.

Ler a Bíblia pode parecer desencorajador às vezes. Há passagens difíceis, muitas interpretações e, geralmente, pouco tempo para lê-la mais detalhadamente. Jen Wilkin reconhece essas dificuldades e oferece ferramentas para nos ajudar a navegar pela Bíblia. *Mulheres da Palavra* nos fornece um guia para o conhecimento bíblico. Se quisermos conhecer o Deus que amamos, devemos engajar nossas mentes em conhecer a sua Palavra, onde ele se revela. As ferramentas de Wilkin talvez possam ser novas para alguns, mas esse esforço valerá a pena pela recompensa. Finalmente, o propósito é ver e contemplar o nosso Salvador.

Trillia Newbell, autora do livro *United: Captured by God's Vision of Diversity* [Unidos: Encantados Pela Visão de Deus sobre a Diversidade].

Este livro confronta a abordagem baseada em sentimentos, egoísta e que tem frequentemente dominado o nosso estudo das Escrituras. Jen encoraja as mulheres a crescerem no conhecimento da Palavra, a fim de conhecerem o Senhor. Ela revela a sua própria experiência alegre e crescente de aprender a cavar mais fundo. Quem sabe sua voz se junte a de muitas outras!

Kathleen Nielson, diretora do *Women's Initiatives* [Iniciativas Femininas], do Ministério *Gospel Coalition* [Coalisão Evangélica].

O livro de Jen Wilkin é escrito com carisma e ternura, o que o torna fácil de ler. Mas ela também escreve com uma clareza de propósito que instiga, da forma correta, o leitor a desejar ler bem a Palavra de Deus. Conclusão: este livro encoraja as mulheres a conhecerem melhor a Deus através do desenvolvimento de bons hábitos de leitura da Palavra. Amém, irmã!

Jenny Salt, deã de estudantes na *Sidney Missionary and Bible College.*

Como podemos nos aprofundar no conhecimento da Palavra ao invés de apenas provarmos umas amostras da Bíblia para ter inspiração? Jen Wilkin nos mostra como fazer isso nessa leitura obrigatória para toda mulher interessada em ensinar e liderar grupos de discussão bíblica em sua igreja.

Nancy Guthrie, professora da Bíblia, autora do livro Antes de Partir, Editora Fiel.

Jen WILKIN

mulheres DA PALAVRA

COMO ESTUDAR A BÍBLIA COM NOSSA MENTE E CORAÇÃO

PREFÁCIO
MATT CHANDLER

FIEL
Editora

W683m   Wilkin, Jen, 1969-
               Mulheres da palavra : como estudar a Bíblia com nossa
               mente e coração / Jen Wilkin. – São José dos Campos,
               SP : Fiel, 2015.

               184 p. ; 21cm.

               Tradução de: Women of the word.
               Inclui referências bibliográficas.
               ISBN 978-85-8132-271-1

               1. Bíblia – Estudo e ensino. 2. Mulheres cristãs – Vida
               religiosa. I. Título.

                                                   CDD: 220.071

Catalogação na publicação: Mariana C. de Melo – CRB07/6477

Mulheres da Palavra
Como Estudar a Bíblia com nossa Mente e Coração
Traduzido do original em inglês
Women of The Word: How to Study the Bible
with both our Hearts and Our Minds

Copyright © 2014 Editora Fiel
Primeira Edição em Português: 2015

■

Diretor: James Richard Denham III
Editor: Tiago J. Santos Filho
Coordenação Editorial: Renata do Espírito Santo
Tradução: Waléria Coicev
Revisões: Zípora Vieira, Anna Maria de Azevêdo
e Renata do Espírito Santo
Diagramação: Wirley Corrêa
Capa: Lucas Gonçalves

ISBN: 978-85-8132-271-1

Caixa Postal 1601
CEP: 12230-971
São José dos Campos, SP
FIEL PABX: (12) 3919-9999
Editora www.editorafiel.com.br

Sumário

Para Jeff, aquele que me conhece melhor.
Você me dá coragem. Salmo 34.3

Agradecimentos

Sou grata a Collin Hansen e Dave DeWit por acreditarem que eu teria algo a dizer e por me darem um meio para dizê-lo. Vocês dois sabiam que eu era uma escritora antes mesmo que eu soubesse.

Aos meus amigos editores — Lindsey Brittain, Kindra Grider, Lori Kuykendall e Kristen Rabalais — obrigada por lerem todas as versões desajeitadas dos meus pensamentos e por me ajudarem gentilmente a ser uma melhor comunicadora. Eu valorizo o trabalho de vocês e, ainda mais, sua amizade.

Emily Spalding e Sally Sturm, chamá-las de "terapia gratuita" seria um eufemismo. Amo vocês duas.

Tara Davis, obrigada por me dar a regra sobre vírgulas de Oxford e por desemaranhar minhas frases com paciência e graça. Gloria Furman, você leu meus manuscritos com generosidade nas semanas posteriores à chegada de seu quarto filho. Eu sabia que você tinha outras coisas para fazer, e seu encorajamento foi um presente de valor inestimável.

Matt Chandler, você concedeu sua amizade e apoio irrestrito ao meu ministério e mensagem. Obrigada por ser o meu pastor. Kent Rabalais e Sara Lamb, a disposição de vocês em me ajudar a equilibrar minhas responsabilidades na *Village Church* e meus compromissos de escritora me mantiveram sã.

Matt, Mary Kate, Claire e Calvin, vocês são meus filhos favoritos no mundo. Ao me darem espaço para escrever e me ajudarem a manter a nossa casa de pé, vocês se tornaram parceiros em meu ministério. Não vamos comer lasanha congelada por algum tempo.

E às mulheres do grupo de estudo bíblico do *Flower Mound* [Monte das Flores], cujas fome e sede de justiça têm sido uma contínua inspiração para manter minhas mãos no arado, obrigada por se juntarem a mim e por amarem a Deus com sua mente. Vocês são preciosos lembretes semanais de que esse trabalho é importante.

Prefácio

Quando o Espírito Santo abriu os meus olhos para crer, foi como se eu tivesse sido atropelado por um trem. Eu me apaixonei por Jesus naquela noite e ainda tive que me recuperar disso. Mas, embora o meu coração estivesse em chamas, minha mente estava vazia. Fiz centenas de perguntas naquela noite e nos dias seguintes.

Pela providência graciosa de Deus, ele colocou um homem em minha vida que estava disposto a me ensinar desde o início o que era a Bíblia. Essa citação de Ed Clowney resume o que aprendi naqueles primeiros dias:

> Há histórias maravilhosas na Bíblia..., mas é possível conhecer as histórias da Bíblia e ainda assim não compreender a história da Bíblia... A Bíblia tem um enredo. Ela traça o desenrolar de um drama. A história segue a trajetória de Israel, mas não começa aí, nem contém o que esperaríamos da história de uma nação... Se nos esquecermos do enredo, arrancaremos a essência da Bíblia. As histórias da escola bíblica dominical são então

contadas como histórias enfadonhas de um gibi de domingo, nas quais Sansão é um substituto para o Super-Homem e Davi se torna uma versão hebraica do filme *Jack the Giant Killer* [O Matador de Gigantes]. Não, Davi não é um menino valente que não tem medo do enorme gigante mau. Ele é o ungido do Senhor... Deus escolheu Davi como um rei segundo o seu coração, a fim de preparar o caminho para o grandioso Filho de Davi, o nosso Libertador e Campeão.[1]

Ao longo dos últimos vinte anos, o Espírito Santo tem usado as Escrituras para me encorajar, repreender, moldar meu casamento, minha paternidade, minha relação com o dinheiro, minha perspectiva em meio a tragédias e para atrair o meu olhar repetidamente para Aquele que é o centro da Bíblia. Encontro em meu coração um desejo intenso de que as pessoas vejam e provem o Deus da Bíblia, e uma frustração semelhante quando vejo a desilusão, a perda e a insegurança que acompanham a falta de conhecimento bíblico.

É por isso que fico feliz por você estar segurando este livro. Jen Wilkin leva a sério a necessidade de conhecermos o Deus da Bíblia. Ela é uma das melhores professoras da Bíblia que já tive a oportunidade de ouvir. Sua abordagem para ensinar as pessoas a crescerem no

---

1 Edmund P. Clowney. *"The Unfolding Mystery: Discovering Christ in the Old Testament"* [O Mistério Revelado: Descobrindo Cristo no Antigo Testamento] (Phillipsburg, NJ: P&R, 1988), *p.* 11.

conhecimento das Escrituras é acessível e útil, independentemente de serem crentes há décadas e sentirem que é muito tarde para aprender ou de serem novos crentes que têm fome de conhecer e compreender o Deus da Bíblia. Os seus 5 P's de *propósito*, *perspectiva*, *paciência*, *processo* e *preces* lhe servirão muito bem durante as semanas e meses que estão por vir.

Estou confiante de que aprendendo e praticando o método de estudo bíblico da Jen, você ficará fascinada tanto com as histórias bíblicas como com a História da Bíblia, e será transformada para sempre à medida que for conhecendo o Herói dessa história.

Cristo é tudo,

Matt Chandler
Pastor Principal da *Village Church*
Presidente da Rede de Implantação de Igrejas Atos 29.

Introdução

Como mover uma montanha?

Com uma colherada de terra por vez.

Provérbio chinês

Este é um livro sobre como mover uma montanha. A montanha é minha própria falta de conhecimento bíblico, embora eu admita ter ignorado a existência dela até meus vinte e poucos anos. Desconfio que ela possa ser a sua montanha também, mas você terá que decidir isso por si mesma. Ao contrário do Pico Pikes ou do monte Kilimanjaro, essa montanha não se apresenta de imediato à nossa vista — ela leva tempo para ser percebida. Felizmente, ao contrário de uma montanha real, essa pode ser movida. Isso é uma coisa boa, porque há algo indescritivelmente belo a ser contemplado do outro lado.

Se houvesse uma coisa chamada *pedigree* de igreja, o meu seria "vira-lata". Passei minha infância buscando uma igreja para chamar de lar, seguindo uma ou outra igreja dos meus pais (que se divorciaram quando eu tinha nove anos) e visitando algumas onde iam sem compromisso. Gastei um tempo considerável em sete denominações diferentes, durante o qual eu ia para a escola dominical, escola bíblica de férias, grupos de jovens e retiros. Fui batizada por aspersão quando criança e por imersão na adolescência. Eu cantava hinos antigos de hinários ao som de órgãos, e entoava canções de louvor projetadas na parede ao som de violões. Aprendi a levantar minhas mãos em adoração e também a deixá-las ao lado do corpo. Ouvi sermões lidos em tom monótono e escutei pregações feitas aos berros. Aprendi o ritmo dos credos e liturgias, bem como o dos tamborins e das danças. Aprendi a ter a "hora silenciosa" e memorizei inúmeros versículos da Bíblia para ganhar uma estadia gratuita no acampamento de verão. Aprendi como compartilhar o evangelho com meus amigos perdidos. Eu era uma criança da igreja — apesar de ser uma criança de muitas igrejas — e podia dar respostas às perguntas da escola dominical que deixavam minhas professoras radiantes de orgulho.

Na faculdade, continuei minhas viagens denominacionais, lendo livros devocionais e frequentando estudos bíblicos para abanar as chamas da minha fé. No meu último ano, pediram-me para liderar um estudo. Mas eu carregava um segredo que não era incomum às pessoas com os meus antecedentes: eu não conhecia a minha Bíblia. É claro, eu conhecia partes dela — lembrava-me das histórias da escola bíblica de férias e podia citar versículos de todo o Novo Testamento e dos Salmos — mas eu não sabia como as partes que eu conhecia se encaixavam com as outras, muito menos como elas se encaixavam com as partes que eu ainda não conhecia. Ofuscando minha visão periférica, havia uma montanha de ignorância bíblica que estava só começando a me preocupar. Embora eu tenha guardado o que sabia, estava crescendo perturbada por aquilo que não sabia.

Gastar tempo em todas aquelas igrejas diferentes me ensinou a verdade preocupante de que todos os pastores tinham muito a dizer, mas que nem todos os pastores estavam dizendo as mesmas coisas. Quem estava certo? O arrebatamento existia ou não? Deus teria que responder às nossas orações se orássemos de determinada maneira? Eu precisaria me batizar de novo? Qual é a idade da Terra? Os crentes do Antigo Testamento foram salvos de modo diferente dos crentes do Novo Testamento? Em sua maioria, meus professores pareciam igualmente convincentes. Como eu poderia saber quem estava interpretando adequadamente a Bíblia e quem estava ensinando algo errado? Experimentar o doloroso resultado do ensino errado despertou em mim o desejo de conhecer, por mim mesma, o que a Bíblia ensinava.

O casamento e a maternidade aumentaram meu senso de urgência para aprender, revelando o quão mal equipada eu estava para cumprir esses papéis de maneira que honrasse a Deus. Mas eu não sabia por onde começar para solucionar o problema. Parecia mais do que óbvio que, se Deus havia nos dado sua vontade revelada na Bíblia, eu deveria gastar mais tempo tentando conhecê-la e entendê-la. Mas essa tarefa parecia assustadora. Por onde eu deveria começar? E por que as coisas que eu já estava fazendo não estavam tornando o problema visivelmente melhor? Como eu deveria mover a montanha da minha ignorância bíblica? A resposta, é lógico, era gloriosamente simples. A resposta era: "uma colherada por vez". Felizmente, alguém me deu uma colher.

Confesso que fui ao meu primeiro estudo bíblico para mulheres esperando encontrar conversas de adultos e bolo de café, não necessariamente nessa ordem. A tentação de poder ter babá gratuita era mais do que aquela jovem mãe de um bebê de três meses poderia resistir, então saí de casa e voltei para a terra dos viventes. O que encontrei foi algo muito doce: um grupo com a mesma disposição para interagir em comunhão, oração e estudo. O que encontrei, embora eu não soubesse disso naquela época, foi o início de um processo que me transformaria de aluna a professora, levando-me a ficar acordada na cama à noite, planejando uma forma de colocar mais colheres nas mãos de mais mulheres, orando para que muitas montanhas pudessem ser lançadas no mar.

Este livro tem a intenção de equipá-la com a melhor colher que eu puder lhe oferecer. Ele pretende ensinar-lhe não apenas uma doutrina, um conceito, ou uma narrativa, mas um método de estudo que lhe permitirá desvendar a Bíblia por si mesma. Ele pretende desafiá-la a pensar e a crescer, usando ferramentas acessíveis a todos, quer tenhamos um diploma de ensino médio ou uma graduação em um seminário; tendo apenas alguns minutos ou horas diárias para se dedicar. Este livro tem a intenção de mudar a sua forma de pensar sobre o estudo bíblico.

Talvez a sua história não se pareça em nada com a minha — talvez você tenha passado toda a sua vida em uma mesma igreja ou em nenhuma igreja. Minha suposição é que você deva conhecer o desconforto obscuro de viver à sombra de uma montanha. Dizem que nos tornamos aquilo que contemplamos. Creio que não exista nada mais transformador para a nossa vida do que contemplar Deus em sua Palavra. Afinal de contas, como podemos nos conformar à imagem de um Deus que não temos contemplado? Do outro lado da montanha da minha ignorância bíblica estava a visão de um Deus elevado e exaltado, uma visão que se estendia desde Gênesis até Apocalipse, a qual eu precisava ver desesperadamente. De modo nenhum posso dizer que já removi toda aquela montanha do meu campo de visão, mas pretendo ir para o túmulo com terra debaixo das unhas de tanto cavar e segurando bem firme uma colher. Estou determinada a não deixar que nenhuma montanha de ignorância bíblica me impeça de ver Deus da forma mais clara que os meus setenta ou oitenta anos nesta terra me permitirem.

Portanto, este é um livro para aquelas que estão prontas para começar a cavar. É um livro para aquelas que estão prontas para enfrentar definitivamente a montanha de sua compreensão fragmentada das Escrituras, erguendo uma colher, e ordenando que ela se mova.

21

1

Revirando as Coisas

Toda a Escritura é inspirada por Deus e útil para o ensino, para a repreensão, para a correção, para a educação na justiça, a fim de que o homem de Deus seja perfeito e perfeitamente habilitado para toda boa obra.

2 Tm 3.16-17

Este é um livro sobre equipar mulheres por meio do estudo da Bíblia. Com exceção da minha família, esse é o assunto com que mais me preocupo. Mas nem sempre foi assim. Muito tempo antes de eu ter uma paixão por ensinar a Bíblia, eu tinha um amor profundo e contínuo por outra coisa. Aos quatro anos de idade, eu era apaixonada por meias-calças de babado.

Você se lembra das meias-calças de babado — aquelas meias para menininhas, superenfeitadas com quatro fileiras de babado de renda costuradas na parte de trás? Eu definitivamente amava aquilo. Todos os dias eu ia para a escola de vestido, de forma que eu pudesse usar minhas meias-calças especiais. Quando me cansava dos vestidos, corajosamente, eu apertava a meia-calça por debaixo da calça jeans.

Volumoso? Sim. Desconfortável? Totalmente. Bonito? Você sabe. Eu apreciava tudo nelas, exceto uma coisa — os babados ficavam na parte de trás, onde a pessoa que usava a meia-calça não podia ter a alegria de vê-los. Toda aquela renda linda fora do alcance da vista? Inaceitável. Mas uma solução simples apareceu: comecei a usá-las de trás para frente.

Problema resolvido. Até minha mãe descobrir.

Não sei se foi a parte onde deveria ficar o calcanhar que ficava para o lado de fora dos meus sapatos tipo boneca ou se foi a forma suspeita como o meu estômago estufou debaixo da minha saia. Talvez tenha sido a minha maneira engraçada de andar para impedi-los de cair ou o meu hábito de rodopiar em frente ao espelho. Digamos apenas que o fato de vestir minhas meias-calças de babados de trás para frente revelou alguns problemas que eu não teria se as usasse corretamente. Minha mãe me disse que usá-la de maneira incorreta não era uma opção. As meias-calças de babados foram feitas para serem usadas de uma maneira específica, com um propósito específico, e eu deveria virá-las do lado certo ou abandonar o privilégio de usar aquelas quatro gloriosas fileiras de babado de renda.

Gostaria de dizer que essa foi a única vez na vida que deixei algo de trás para frente. Mas não foi. Na verdade, minha paixão por ensinar a Bíblia para mulheres é, de fato, o resultado de deixar outras coisas também de trás para frente. Gostaria de falar sobre duas abordagens que usei para ser equipada pelas Escrituras, que me pareciam corretas a princípio, mas que estavam completamente de trás para frente. Pode parecer que estudar a Bíblia fosse algo que deveríamos saber fazer intuitivamente. Afinal, se Deus revelou sua vontade e caráter nela, o Espírito Santo simplesmente não desvendaria a mensagem bíblica ao nosso coração? Mas não é assim que funciona. Sim, o Espírito Santo nos revela a Palavra, mas não sem algum esforço da nossa parte.

Você sabia que a palavra *discípulo* significa "aprendiz"? Como discípulos de Cristo, você e eu somos chamados a aprender, e aprender exige esforço. E também exige bons métodos de estudo. Sabemos que isso é verdade para a nossa formação acadêmica, mas será que sabemos que isso também é verdade em relação a seguir Cristo? Embora eu fosse uma boa aluna na escola, eu nem sempre era boa aluna da Palavra, e se fosse por mim, provavelmente não teria me tornado uma boa aluna. Mas, por meio do ensino fiel de outros, minha tendência de usar uma coisa boa de trás para frente veio à tona. Desvirar as duas abordagens do estudo bíblico que estavam de trás para frente direcionou-me para um amor pelo aprendizado, aplicação e ensino para a vida toda.

REVIRAVOLTA 1:
DEIXE QUE A BÍBLIA FALE DE DEUS

A primeira coisa que estava de trás para frente parecia tão óbvio de percebermos que é até embaraçoso admitir: falhei em compreender que a Bíblia é um livro sobre Deus. A Bíblia é um livro que revela em cada página, de forma audaciosa e clara, quem é Deus. Em Gênesis, ela faz isso colocando Deus como o sujeito da narrativa da criação. Em Êxodo, ela revela a autoridade de Deus sobre faraó e os deuses do Egito. Nos Salmos, Davi exalta o poder e a majestade do Senhor. Os Profetas proclamam sua ira e justiça. Os Evangelhos e as Epístolas revelam seu caráter na pessoa e obra de Cristo. O livro de Apocalipse exibe seu domínio sobre todas as coisas. Do início ao fim, a Bíblia é um livro sobre Deus.

Talvez eu soubesse de fato que a Bíblia era um livro sobre Deus, mas não percebia que não a estava lendo como se fosse.

Foi aqui que coloquei as coisas de trás para frente: eu iniciava meu devocional fazendo as perguntas erradas. Eu lia a Bíblia, perguntando: "Quem eu sou?" e "O que devo fazer?" E a Bíblia realmente respondeu a essas perguntas em alguns lugares. Efésios 2.10 me disse que eu era feitura de Deus. O Sermão do Monte me disse para pedir pelo pão de cada dia e para acumular tesouros no céu. A história do rei Davi me disse para buscar um coração segundo o coração de Deus.

Mas as perguntas que eu estava fazendo revelaram que eu tinha uma sutil má interpretação em relação à própria natureza da Bíblia: eu acreditava que a Bíblia era um livro sobre mim.

Eu cria que deveria ler a Bíblia para ensinar a mim mesma sobre como viver e para ter a garantia de que eu era amada e perdoada. Eu acreditava que ela era um guia para a vida e que, em qualquer circunstância, alguém que realmente soubesse como ler e interpretá-la poderia encontrar uma passagem que oferecesse conforto ou orientação. Eu acreditava que o propósito da Bíblia era me ajudar.

Com esse pensamento, eu não era muito diferente de Moisés, em pé diante da sarça ardente no Monte Sinai. Imediatamente em sua visão estava a revelação do caráter de Deus: uma sarça em chamas, conversando com ele de forma audível, a qual não era consumida miraculosamente. Quando foi encarregado por essa visão de Deus para ir até faraó e exigir a libertação dos cativos, Moisés, autoconsciente, responde: "*Quem sou eu* para ir a Faraó e tirar do Egito os filhos de Israel?" (Êx 3.11)

Deus responde com paciência, fazendo de si mesmo o sujeito da narrativa: "Eu serei contigo" (Êx 3.12). Em vez de se tranquilizar com essa resposta, Moisés pergunta em seguida: "Disse Moisés a Deus: Eis que, quando eu vier aos filhos de Israel e lhes disser: O Deus de vossos pais me enviou a vós outros; e eles me perguntarem: Qual é o seu nome? Que lhes direi?" (v. 13)

Observe que em vez de dizer a Moisés o que ele deveria fazer, Deus, ao contrário, diz o que *ele mesmo* tem feito, está fazendo e fará:

Disse Deus a Moisés: EU SOU O QUE SOU. Disse mais: Assim dirás aos filhos de Israel: EU SOU me enviou a vós outros.

Disse Deus ainda mais a Moisés: Assim dirás aos filhos de Israel: *O SENHOR, o Deus de vossos pais, o Deus de Abraão, o Deus de Isa-*

que e o Deus de Jacó, me enviou a vós outros; este é o meu nome eternamente, e assim serei lembrado de geração em geração. Vai, ajunta os anciãos de Israel e dize-lhes: *O SENHOR, o Deus de vossos pais, o Deus de Abraão, o Deus de Isaque e o Deus de Jacó,* me apareceu, dizendo: Em verdade *vos tenho* visitado e visto o que vos tem sido feito no Egito. Portanto, *disse eu: Far-vos-ei* subir da aflição do Egito [...]. E ouvirão a tua voz; e irás, com os anciãos de Israel, ao rei do Egito e lhe dirás: *O SENHOR, o Deus dos hebreus,* nos encontrou. Agora, pois, deixa-nos ir caminho de três dias para o deserto, a fim de que sacrifiquemos ao SENHOR, nosso Deus. *Eu sei,* porém, que o rei do Egito não vos deixará ir se não for obrigado por mão forte. Portanto, *estenderei* a mão e ferirei o Egito com todos os meus prodígios que *farei* no meio dele; depois, vos deixará ir. Eu darei mercê a este povo aos olhos dos egípcios; e, quando sairdes, não será de mãos vazias. (Êx 3.14-22)

O diálogo continua dessa maneira. Por todo esse capítulo e metade do livro de Êxodo, Moisés faz as perguntas erradas: Quem sou eu? O que eu devo fazer? Em vez de lhe dizer: "Moisés, você é meu servo escolhido. Você é minha criação preciosa, um líder sábio e talentoso", Deus responde removendo completamente Moisés da posição de sujeito da discussão e inserindo a si mesmo. Ele responde à pergunta autocentrada de Moisés "Que sou eu?" com a única resposta que importa: "Eu sou".

Somos como Moisés. A Bíblia é a nossa sarça ardente — uma declaração fiel da presença e da santidade de Deus. Nós pedimos que ela fale acerca de nós mesmos, mas em todo o tempo ela nos fala a respeito do "Eu sou". Nós pensamos que se ela ao menos nos dissesse quem somos e o que devemos fazer, então nossas inseguranças, temores e dúvidas desapareceriam. Mas as nossas inseguranças, temores e dúvidas jamais podem ser banidos pelo conhecimento de quem nós somos. Eles só podem ser banidos pelo conhecimento do "Eu sou". Devemos ler e estudar a Bíblia com nossos ouvidos treinados para ouvir a declaração que Deus faz de si mesmo.

Isso significa que a Bíblia não tem nada a dizer sobre quem nós somos? De modo nenhum. Nós apenas tentamos responder àquela pergunta de trás para frente. A Bíblia realmente nos fala sobre quem somos e sobre o que devemos fazer, mas o faz através das lentes de quem é Deus. O conhecimento de Deus e o conhecimento do eu sempre andam de mãos dadas. De fato, não pode haver um conhecimento verdadeiro do eu desvinculado do conhecimento de Deus. Ele é o único ponto de referência que é confiável. Portanto, quando leio que Deus é longânimo, percebo que não sou longânima. Quando leio que Deus é tardio em se irar, percebo que sou rápida em me irar. Quando leio que Deus é justo, percebo que sou injusta. Perceber quem ele é me revela quem eu sou diante da verdadeira luz. Uma visão de um Deus elevado e exaltado revela o meu pecado e aumenta o meu amor por ele. Tristeza e amor levam ao arrependimento genuíno, e eu começo a me conformar à imagem daquele que contemplo.

Se eu ler a Bíblia procurando a mim mesma no texto antes de procurar por Deus, eu posso de fato aprender que não devo ser egoísta. Posso até tentar mais arduamente não ser egoísta. Entretanto, até que eu enxergue o meu egoísmo através das lentes do absoluto altruísmo de Deus, não compreenderei adequadamente a pecaminosidade disso. A Bíblia é um livro a respeito de Deus. Assim como Moisés aprenderia durante o Êxodo, *quem ele era* não exerceu qualquer impacto no desfecho de sua situação. *Quem Deus era* fez toda a diferença.

No Novo Testamento, encontramos Jesus tratando do mesmo problema com os líderes judeus. "Examinais as Escrituras, porque julgais ter nelas a vida eterna, e são elas mesmas que *testificam de mim*. Contudo, não quereis vir a mim para terdes vida." (Jo 5.39-40) Os líderes judeus investigavam as Escrituras fazendo a pergunta errada, procurando pela imagem errada a ser revelada.

Se a vida eterna se encontra nas Escrituras, ela só é descoberta por meio das lentes de quem Deus é. Se a nossa leitura da Bíblia concentrar os nossos olhos em qualquer outra pessoa que não seja Deus, temos virado o processo de transformação de trás para frente. Todo estudo da Bíblia que busca estabelecer a nossa identidade sem antes proclamar a identidade de Deus nos prestará uma ajuda parcial e limitada. Devemos desvirar o nosso hábito de perguntar "Quem eu sou?" Devemos perguntar primeiro: "O que esta passagem me ensina a respeito de Deus?", antes de pedirmos para que ela nos ensine qual-quer coisa acerca de nós mesmos. Devemos reconhecer que a Bíblia é um livro a respeito de Deus.

REVIRAVOLTA 2:
DEIXE QUE A MENTE TRANSFORME O CORAÇÃO

A segunda coisa que deixei de trás para frente em minha aborda-gem bíblica foi a crença de que meu coração deveria guiar meu estudo. O coração, conforme é dito nas Escrituras, é a sede da vontade e das emoções. Ele é a nossa "antena" e o nosso "tomador de decisões". Dei-xar meu coração guiar o meu estudo significava buscar a Bíblia para me fazer sentir de determinada maneira quando eu a lesse. Eu queria que ela me desse paz, conforto ou esperança. Queria que ela fizesse com que eu me sentisse mais perto de Deus. Queria que ela me desse garantias em relação a escolhas difíceis. Devido ao fato de eu querer que a Bíblia se comprometesse com as minhas emoções, gastava pou-co tempo em livros como Levítico ou Números e muito tempo em livros como os Salmos e os Evangelhos.

A Bíblia nos ordena a amar a Deus com todo o nosso coração (Marcos 12.30). Quando dizemos que amamos a Deus com todo o nosso coração, queremos dizer que o amamos totalmente, com nossas emoções e com a nossa vontade. Ligar as nossas emoções à nossa fé é algo que acontece, até certo ponto, de modo natural para nós mu-lheres — falando de forma geral, sabemos como ser emotivas sem muita orientação. Se pensarmos no coração como a sede de nossas emoções e de nossa vontade, faz sentido nos aproximarmos com tanta frequência da Palavra de Deus perguntando: "Quem eu sou?" e "O que devo fazer?" Essas duas perguntas tratam exclusivamente do coração. E falamos com frequência na igreja sobre como o cristianismo é uma religião do coração — de como Cristo entrou em nosso coração, de como precisamos de uma mudança de coração. É correto falar do cristianismo dessa maneira, mas não exclusivamente dessa maneira.

Curiosamente, o mesmo versículo que nos ordena amar a Deus com todo o nosso coração também nos ordena a amá-lo com toda a nossa mente. A nossa mente é a sede do nosso intelecto. Ligar o nosso intelecto à nossa fé não acontece naturalmente para a maioria de nós. Vivemos num tempo em que a fé e a razão são tidas como pólos opostos. Por vezes, até a igreja adota esse tipo de linguagem. Para algumas de nós, a intensidade da nossa fé é medida através do quão perto nos sentimos de Deus em determinado momento — de como o sermão nos fez sentir, de como o coral de adoração nos fez sentir, de como a nossa hora silenciosa nos fez sentir. Escondido nesse pensamento, está um desejo sincero de compartilhar um profundo relacionamento com um Deus pessoal, mas sustentarmos nossas emoções pode ser exaustivo e frustrante. A mudança de circunstâncias pode derrubar nossa estabilidade emocional em um instante. A nossa "caminhada com o Senhor" pode se parecer mais com uma volta de montanha-russa, com picos e vales, do que com um caminho reto onde vales e montanhas foram nivelados.

Seria isso a consequência de termos deixado as coisas de trás para frente? Ao pedirmos para que o nosso coração dirigisse a nossa mente, será que adquirimos voluntariamente um ingresso para uma volta de montanha-russa? A menos que viremos as coisas para o lado certo, deixando a mente encarregada do coração, podemos estar numa longa e desenfreada volta.

Pedir para que a nossa mente venha antes do coração soa quase como não espiritual, não é mesmo? Mas observe a maneira como as Escrituras falam sobre o papel da mente:

Em relação ao arrependimento: "[Se eles] *se converterem a ti de todo o seu coração e de toda a sua alma*, na terra de seus inimigos [...] ouve tu nos céus, lugar da tua habitação, a sua prece e a sua súplica..." (1 Reis 8.48-49).

Em relação a buscar a Deus: "Disponde, pois, agora *o coração e a alma* para buscardes ao SENHOR, vosso Deus" (1 Cr 22.19).

Em relação a buscar a paz: "Tu conservarás em paz aquele *cuja mente* está firme em ti; porque ele confia em ti" (Is 26.3 – ARC).

Em relação à adoração correta: "Porque, se eu orar em outra língua, o meu espírito ora de fato, *mas a minha mente fica infrutífera*. Que farei, pois? Orarei com o espírito, *mas também orarei com a mente*; cantarei com o espírito, *mas também cantarei com a mente*" (1 Co 14.14-15).

Em relação à compreensão das Escrituras: "A seguir, Jesus lhes disse: São estas as palavras que eu vos falei, estando ainda convosco: importava se cumprisse tudo o que de mim está escrito na Lei de Moisés, nos Profetas e nos Salmos. Então *[ele] lhes abriu o entendimento para compreenderem as Escrituras*" (Lucas 24.44-45).

Em relação à transformação: "E não vos conformeis com este século, mas *transformai-vos pela renovação da vossa mente*, para que experimenteis qual seja a boa, agradável e perfeita vontade de Deus" (Rm 12.2).

Não passe correndo por cima da verdade fundamental que você acabou de ler em Romanos 12.2-3. O que o cristão quer desesperadamente não é transformação de vida e o conhecimento da vontade de Deus? Nesses versículos, Paulo afirma inequivocamente como nós podemos obtê-los: *pela renovação da nossa mente — não do nosso coração*.

Durante anos, tentei amar a Deus com o meu coração em detrimento da minha mente, sem reconhecer minha necessidade de crescer no conhecimento do "Eu sou". Qualquer estudo sistemático da Bíblia parecia mecânico, até mesmo um pouco como um ato de falta de fé ou um reconhecimento de que a percepção que o Espírito Santo me dava durante a hora silenciosa não era suficiente para mim. Mas eu estava deixando escapar uma verdade importante: *que o coração não pode amar aquilo que a mente não conhece*. Essa é a mensagem de

Romanos 12.2-3 — não que a mente sozinha atinja a transformação, mas o caminho para a transformação passa da mente para o coração, e não o contrário.

A comunidade científica tem observado essa conexão da mente vindo antes do coração. Paul Bloom, um professor de Yale, com PhD em psicologia cognitiva, é especializado na pesquisa sobre o prazer — o estudo de como nós, seres humanos, desenvolvemos a capacidade de obter prazer por meio das pessoas, experiências e coisas. Ele descobriu, trabalhando em sua pesquisa, que o prazer não acontece simplesmente, ele se desenvolve. E a forma como ele se desenvolve é uma questão digna de nota: "As pessoas me perguntam: 'Como conseguir mais prazer na vida?' E minha resposta é extremamente pedante: Estude mais... A chave para apreciar um vinho não é apenas beber avidamente uma grande quantidade de vinhos caros, mas é aprender a respeito dos vinhos".[1]

Bloom descobriu que o prazer resulta do fato de obtermos conhecimento a respeito do objeto de nosso prazer, e não, conforme poderíamos supor, de simplesmente experimentarmos esse objeto vez após vez. De maneira específica, nosso prazer em alguma coisa aumenta quando aprendemos sua história, sua origem e sua natureza mais profunda.[2] Isso é relevante principalmente para os cristãos.

1 *"What Do We Value Most?"* [O que valorizamos mais?] NPR Radio TED Radio Hour, 25 de maio de 2012, 14:00, disponível em <http://www.npr.org/player/v2/mediaPlayer. html?action=1&t=3&islist=true&id=57&d=04-27-2012>.

2 Paul Bloom: *"The Origins of Pleasure"* [As Origens do Prazer], TED Talks, julho de 2011, disponível em <http://www.ted.com/talks/paul_bloom_the_origins_of_pleasure. html>.

Somos chamados para sermos um povo que se deleita no Senhor, que pode dizer com convicção: "na tua destra [há] delícias perpetuamente" (Sl 16.11). Muitas entre nós se identificam prontamente com o chamado para o hedonismo cristão. No entanto, lutamos diariamente para viver como pessoas cujo maior prazer está em Deus. Se Bloom estiver certo, encontrar maior prazer em Deus não será consequência do fato de buscarmos mais experiências com ele, mas de o conhecermos melhor. Será consequência de estudarmos a divindade. Pense sobre um relacionamento, um bem ou algo que lhe interesse que lhe dê muito prazer. Como você desenvolveu esse prazer?

Quer você seja apaixonado por arte moderna, pela conservação do seu carro, por seu cônjuge, por nutrição, educação ou futebol, meu palpite é que você tenha ficado assim por aprender acerca do objeto da sua paixão — e que seu prazer cresceu à medida que o seu conhecimento também cresceu.

O casamento talvez seja o exemplo mais óbvio desse processo. A maioria das pessoas se casa com base em pouquíssima informação. Você já observou isso? Arriscamos o nosso futuro com base num conhecimento relativamente pequeno, em grande parte devido ao ímpeto das emoções que nos atingem durante a fase de namoro. Nós nos casamos, inundados de sentimentos de amor por nosso cônjuge, mas sabendo bem pouco sobre ele no âmbito mais abrangente. Esses sentimentos iniciais de amor também definham ou se aprofundam, dependendo de como os nutrimos. Olhando para trás, após vinte anos de casamento, posso dizer com honestidade que amo meu marido exponencialmente mais do que o amava no dia de nosso casamento. Por quê? Porque tenho feito um estudo sobre ele, e ele, sobre mim. O fato de conhecê-lo fez com que meu amor por ele aumentasse. No dia do nosso casamento, eu desconfiava que ele seria um bom pai, um trabalhador dedicado e um ouvinte fiel, mas, vinte anos mais tarde, eu soube que ele é isso tudo. Meu amor por ele cresceu à medida que o meu conhecimento sobre ele também cresceu.

Agora, pense em seu relacionamento com Deus à luz desse exemplo. A maioria das pessoas chegam à fé com base em pouca informação. Compreendemos que precisamos de perdão e graça, e somos conduzidos ao reino em uma onda de emoções profundas. Mas possuímos apenas um pequeno senso sobre aquele que nos trouxe para si mesmo. Desconfiamos que ele seja todas as coisas boas, mas ainda não fizemos um estudo sobre ele. Como uma esposa recém-casada, chegamos ao fim da fase de lua-de-mel e começamos a questionar como iremos sustentar e nutrir esse relacionamento.

A resposta está em conhecermos Deus, em amá-lo com a nossa mente. Jamais a expressão "conhecê-lo é amá-lo" foi tão verdadeira. À medida que crescemos no conhecimento do caráter de Deus por meio do estudo de sua Palavra, não podemos fazer outra coisa senão crescer em um amor exponencialmente mais profundo por ele. Isso explica por que Romanos 12.2 diz que somos transformados pela renovação da nossa mente. Passamos a compreender quem é Deus e somos transformados — nossas afeições se desapegam das coisas inferiores e se apegam a ele. Se quisermos sentir um amor mais profundo por Deus, temos que aprender a vê-lo mais claramente pelo que ele é. Se quisermos ter um relacionamento mais profundo com Deus, temos que aprender a pensar mais profundamente sobre Deus.

Considere outra ilustração: se eu dissesse que amo piano e que tenho um grande contentamento em tocá-lo, como você poderia descobrir se meus sentimentos a respeito do piano são verdadeiros ou não? É simples. Apenas me peça para tocar para você. Uma pessoa que ama de verdade tocar piano se disciplina para estudar piano. Por meio da aplicação de muita disciplina mental, sua proficiência em tocar — e, consequentemente, seu amor por tocar — crescerão e serão aprimorados.

O coração não ama aquilo que a mente não conhece. Sim, é pecado adquirir conhecimento pelo simples conhecimento, mas adquirir conhecimento acerca daquele a quem amamos, com o propósito de amá-lo com mais profundidade, sempre será bom para a nossa transformação. Devemos amar a Deus com a nossa mente, permitindo que o nosso intelecto instrua as nossas emoções, em vez do contrário.

DEUS ANTES DE MIM, A MENTE ANTES DO CORAÇÃO

Perceber a nós mesmas na Bíblia e empenhar nossas emoções para amar a Deus são coisas belas. Elas são, metaforicamente, os babados das meias-calças do estudo bíblico. Mas elas pertencem à parte de trás, uma recompensa secundária de obedientemente buscar o que é primordial. O estudo bíblico que equipa não negligencia o autoconhecimento, mas o coloca no lugar certo: instruído pelo conhecimento de Deus. O estudo bíblico que equipa não separa o coração do estudo, mas coloca o coração no lugar certo: instruído pela mente.

Talvez você tenha deixado as coisas de trás para frente como eu. Talvez você tenha percebido o enorme desconforto de um estudo bíblico que se concentra mais em você e no que você deve fazer do que em quem Deus é, ou o desconforto do estudo bíblico que tem por alvo suas emoções em detrimento do seu intelecto. Não é tão tarde para revirar as coisas. Prossigamos, pedindo ao Senhor que nos mostre a abordagem "babados na parte de trás" do estudo bíblico.

2

Uma Questão para o Conhecimento Bíblico

Pois tudo quanto, outrora, foi escrito para o nosso ensino foi
escrito, a fim de que, pela paciência e pela consolação das Escrituras,
tenhamos esperança.

Rm. 15.4

Um pequeno aviso: este é o capítulo que você não quer ler. Este é o capítulo com o qual você ficará desconfortável e desejará me dizer para cuidar da minha própria vida. Este é o capítulo no qual falaremos sobre conhecimento bíblico: o que é isso, se o estamos adquirindo e por que é importante que o tenhamos.

Permita-me deixá-la à vontade: a maioria de nós não o possui, e eu me incluo nisso. O conhecimento bíblico é algo que a maioria de nós jamais se sentirá confortável para alegar tê-lo alcançado durante a vida. Portanto, este é um capítulo que também me deixa desconfortável.

Todas nós carregamos o vago desconforto da nossa falta de conhecimento, e a sentimos vir à tona quando conversamos com o descrente, o amigo do nosso pequeno grupo, a mulher mais velha e sábia. Às vezes, quando a categoria de um jogo de TV como o americano Jeopardy abrange um tema bíblico, experimentamos um momento de pânico absoluto em torno do texto sagrado, sobre o qual o apresentador Alex Trebek[1] mostra mais conhecimento do que nós. Seria difícil dizer sob pressão o nome dos doze apóstolos ou dizer a ordem da história da criação. Já ouvimos falar de Tamar, mas ela foi um exemplo positivo ou negativo? Quando dois pregadores que amamos tomam posições diferentes sobre uma mesma passagem, somos lançadas na confusão.

Nós guardamos aquilo que sabemos, mas ficamos perturbadas por aquilo que não sabemos. Fazemos o nosso melhor para costurar juntos os retalhos do conhecimento das Escrituras, pedaços de sermões, de estudos e da hora silenciosa; mas, muitas vezes, somos confrontadas com os buracos e costuras soltas na roupa de nosso entendimento, principalmente quando a vida fica difícil. Não conhecemos nossa Bíblia como precisamos — algumas de nós que são novas na fé realmente não a conhecem, e muitas que estão na igreja há décadas raramente estão em uma situação melhor.

Mas o que podemos fazer para conhecer a Bíblia melhor? Já começamos a responder à pergunta sobre o que fazer para ter um estudo bíblico saudável: um bom estudo bíblico transforma o coração

---

1 Alex Trebek é apresentador de Jeopardy, um programa de perguntas semelhante ao Show do Milhão, apresentado por Silvio Santos entre 1999 e 2003.

por meio do treinamento da mente e coloca Deus no centro da história. Entretanto, o estudo bíblico saudável faz mais do que isso — ele leva o estudante a uma compreensão melhor da Bíblia, superior a que ele tinha anteriormente. Falando em outras palavras, o estudo bíblico saudável aumenta o conhecimento bíblico.

O QUE É CONHECIMENTO BÍBLICO?

O conhecimento bíblico acontece quando uma pessoa tem acesso à Bíblia em uma linguagem que ela entende e quando está constantemente indo na direção do conhecimento e da compreensão do texto.

Se for verdade que o caráter e a vontade de Deus estão proclamados nas Escrituras, então toda tentativa séria de se tornar equipada para a obra do discipulado deve incluir um desejo de desenvolver o conhecimento bíblico, costurando seus retalhos e transformando-os em uma veste de entendimento sem emendas.

Se você estiver lendo este livro, então você provavelmente teve acesso à Bíblia em uma linguagem que você entende. Isso não é pouco. O que você precisa é de um movimento contínuo na direção do conhecimento e do entendimento. Esse movimento contínuo não acontece por acaso, nem acontece sempre de forma intuitiva. Talvez tenhamos um desejo sincero de desenvolver o conhecimento bíblico, mas se formos deixadas sem treinamento, talvez desenvolvamos o hábito de nos ocuparmos com um texto que, na melhor das hipóteses, não fará coisa alguma para aumentar o nosso conhecimento e, na pior delas, agirá contra ele de fato. Antes de podermos desenvolver bons hábitos, devemos fazer um inventário sincero dos hábitos ruins que talvez já estejamos praticando.

Você já teve um hábito ruim que desejou interromper? No início dos meus vinte e poucos anos, percebi que tinha o hábito de completar as frases das pessoas. Lembro-me de como fiquei surpresa quando alguém destacou amorosamente que eu não deveria fazer isso. Não que eu não soubesse que completava as frases das outras pessoas — mas eu não via nada de errado nisso. Na verdade, eu acreditava que estava ajudando a conversa ao me intrometer. Mas quando me tornei ciente de que estava fazendo isso, percebi a frequência com que isso acontecia e o quão desrespeitoso era para com os outros. Estava constrangida e envergonhada, e fui tomada por um desejo imediato de parar. Mas na época em que percebi o problema, eu havia formado um padrão bem estabelecido de comunicação que era difícil de romper. Aprender a parar com esse hábito ruim exigia que eu reconhecesse a extensão do meu problema e, depois, trabalhasse duro para mudar esse comportamento.

Isso acontece com qualquer hábito ruim que possamos desenvolver, principalmente se esse hábito foi cultivado no decorrer de anos. A fim de rompê-lo, devemos primeiro reconhecer a extensão de sua influência e, depois, dar alguns passos para mudar.

Quando se trata de estudar a Bíblia, os hábitos ruins são abundantes. Dentro da nossa cultura cristã, temos adotado uma frase coringa para o nosso hábito de interagir com as Escrituras: "gastar tempo na Palavra". Os líderes da igreja nos estimulam a fazer isso. Os escritores e blogueiros nos exortam a valorizar isso. Mas o que deve acontecer durante o nosso "tempo na Palavra" pode continuar sendo uma informação vaga; os hábitos específicos que isso representa variam amplamente de pessoa para pessoa.

O perigo potencial dessa imprecisão é que podemos assumir que a nossa versão de "gastar tempo na Palavra" esteja nos levando na direção do conhecimento bíblico simplesmente porque temos sido obedientes nessa prática. Nem todo contato com as Escrituras desenvolve o conhecimento bíblico. Aprender o que a Bíblia diz e, posteriormente, trabalhar para interpretá-la e aplicá-la requer práticas bem diferentes de muitas daquelas que geralmente associamos com o "gastar tempo na Palavra". Não podemos nos dar ao luxo de supor que nossas boas intenções sejam suficientes.

ESTAMOS CRESCENDO NO CONHECIMENTO BÍBLICO?

Se o conhecimento bíblico deve ser o nosso alvo, precisamos de uma avaliação sincera daquilo que estamos fazendo no momento para alcançá-la. Alguns dos nossos hábitos atuais talvez não sejam "ruins" no sentido de não realizarem nada para nos ajudarem a aprender a Palavra de Deus — mas eles podem ser simplesmente limitadores, ou seja, só podem nos levar até determinado ponto em nosso entendimento. Outros hábitos talvez precisem ser completamente abandonados. A princípio, podemos não ser capazes de perceber que a nossa abordagem atual seja limitadora ou inútil, mas com um exame mais minucioso, começaremos a observar as lacunas que ela pode deixar no entendimento.

Em meus anos de ensino bíblico com mulheres, tenho descoberto vários hábitos comuns e inúteis de "gastar tempo na Palavra". Eu me pergunto se algum deles parece familiar a você.

A ABORDAGEM DO ALPRAZOLAM

Você se sente ansiosa? Filipenses 4.6 diz que não devemos andar ansiosos por coisa alguma. Você se sente feia? O Salmo 139 diz que você foi feita de modo assombrosamente maravilhoso. Você se sente cansada? Mateus 11.28 diz que Jesus dará descanso ao que está sobrecarregado. A abordagem do Alprazolam trata a Bíblia como se ela existisse para nos fazer sentir melhor. Quer eu seja auxiliada por um livro devocional ou apenas pelo índice de tópicos da minha Bíblia, declaro que meu tempo na Palavra foi bem-sucedido se eu puder dizer: "Nossa, isso foi realmente confortador".

O problema: a abordagem do Alprazolam faz da Bíblia um livro a meu respeito. Pergunto como a Bíblia pode me servir em vez de como eu posso servir ao Deus que ela proclama. Na verdade, a Bíblia nem sempre faz com que nos sintamos melhor. De fato, com bastante frequência ela faz exatamente o contrário (você está se sentindo incrível? Jeremias 17.9 diz que somos corruptos e perversos). Sim, existe conforto em sermos achados nas páginas das Escrituras, mas o contexto é o que torna esse conforto duradouro e real. Observe também que a abordagem do Alprazolam garante que partes enormes de nossa Bíblia permaneçam sem serem lidas porque elas falham em nos oferecer uma dose imediata de satisfação emocional. Não estaremos muito propensos a ler Levítico ou Lamentações se concordarmos com essa abordagem. Uma abordagem bem fundamentada do estudo bíblico nos desafia a navegar em todas as áreas da Bíblia, até mesmo naquelas que nos fazem sentir desconfortáveis ou que são de difícil compreensão.

A ABORDAGEM DA BOLINHA DE FLIPERAMA

Na falta de uma preferência ou qualquer orientação a respeito do que ler, eu leio algum trecho das Escrituras em qualquer página que eu abrir. Ei, isso é bom, não é? Pedirei ao Espírito Santo para falar comigo por meio de qualquer versículo que eu sortear. Soltando a alavanca de minhas boas intenções, mando a bolinha do fliperama de minha ignorância se mover rapidamente para qualquer passagem na qual ela possa bater, passando por várias passagens, "conforme o Espírito conduzir".

O problema: a Bíblia não foi escrita para ser lida dessa maneira. A abordagem da bolinha de fliperama não considera o contexto textual, histórico ou cultural, a autoria ou a intenção original da passagem em questão. Ela não faz coisa alguma para nos ajudar a ter uma compreensão do texto que vá além do nosso contexto imediato. Quando lemos dessa maneira, tratamos a Bíblia com menos respeito do que daríamos a um simples livro escolar. Imagine tentar dominar álgebra lendo ao acaso, durante dez minutos por dia, a partir de um parágrafo qualquer do livro, onde acontecer de seus olhos caírem. Assim como aquela bolinha de metal do fliperama, você perderia a propulsão muito rapidamente (e iria muito mal em álgebra). Uma abordagem bem fundamentada para estudar a Bíblia leva em consideração o modo como cada passagem se enquadra na perspectiva integral daquilo que a Bíblia tem a dizer, honrando o contexto, a autoria, o estilo e outros fatores.

A ABORDAGEM DA BOLA MÁGICA

Você já ouviu falar no brinquedo Bola 8 Mágica? Esse brinquedo podia responder até mesmo às nossas perguntas mais difíceis quando éramos crianças. Mas sou adulta agora, e estou questionando se devo me casar com Bob, arrumar um emprego novo ou mudar minha cor de cabelo. Dou uma chacoalhada bem forte na Bíblia e a abro. Colocando o dedo cegamente sobre um versículo, eu o leio para ver se ele "sinaliza a resposta sim."

O problema: a Bíblia não é mágica e não serve aos nossos caprichos, nem tampouco sua função principal é responder às nossas perguntas. A abordagem da Bola Mágica interpreta erroneamente o ministério do Espírito Santo através da Palavra, exigindo que a Bíblia nos diga *o que fazer*, em vez de *quem devemos ser*. E isso chega perigosamente perto da adivinhação que as pessoas costumavam fazer usando pedras. Então, por favor, sem essa de Bola 8 Mágica. Uma abordagem de estudo bíblico bem fundamentada reconhece que a Bíblia está sempre mais preocupada com quem toma a decisão do que com a decisão em si. Seu alvo é transformar o nosso coração, de modo que desejemos aquilo que Deus deseja, em vez de nos dar respostas prontas para cada decisão na vida.

A ABORDAGEM DO "PERSONAL SHOPPER" OU COMPRADOR PESSOAL (também conhecida como estudo bíblico por tópicos)

Quero saber sobre como ser uma mulher piedosa ou como lidar com as questões de autoestima, mas não sei onde encontrar versículos sobre esses assuntos, então deixo que ela [insira aqui o nome de uma professora da Bíblia conhecida] faça o trabalho mais difícil por mim. Ela seleciona, a dedo e de modo atraente, versículos relevantes de toda a Bíblia e os entrega a mim para que eu os experimente e veja se me servem.

O problema: a abordagem do Comprador Pessoal não nos ajuda a obter "propriedade" das Escrituras. Muito semelhante à abordagem da bola de fliperama, nós pulamos de passagem em passagem, obtendo um conhecimento fragmentado de muitos livros da Bíblia, mas sem o domínio de nenhum deles. Os estudos por tópicos têm, de fato, potencial para nos ajudar a crescer, mas corremos risco ao chamá-los de "estudos bíblicos". Chamar um livro sobre autoestima de estudo bíblico implica dizer que ele está nos ensinando um conhecimento prático das Escrituras. Muitos estudos por tópicos, embora bons, não podem, de forma justa, fazer essa afirmação. Eles têm valor como uma suplementação — mas não como um substituto — para estudar a Bíblia em seu sentido mais básico. Os estudos por tópicos servem para um objetivo: eles nos ajudam a integrar conceitos abrangentes em nossa compreensão das Escrituras. Mas eles não são fundamentais. Se eles representam todo o nosso estudo, perderemos a riqueza de aprender todos os livros da Bíblia do início ao fim. Uma abordagem bem fundamentada do estudo bíblico trata de um tópico à medida que ele vai aparecendo nas Escrituras, em vez de ligar as Escrituras a um tópico. Isso exige que o estudante trabalhe no processo de descoberta.

A ABORDAGEM DO JOGO DE TELEFONE SEM FIO

Você se lembra de brincar de telefone sem fio? Quando você se sentava em uma fileira e sussurrava uma frase no ouvido da pessoa que estava ao seu lado? A diversão estava em ver o quão deturpada a mensagem ficava à medida que percorria a fileira. Um processo semelhante pode acontecer quando lemos *a respeito* da Bíblia, em vez de ler a própria Bíblia. Por quê? Porque os autores edificam sobre os escritos de outros. Isso não é errado — na verdade, é algo lógico. Mas esse é um fato sobre o qual o estudante deve estar ciente. Se eu preferir ler o que os outros escreveram acerca da Bíblia em vez de ler a própria Bíblia, estarei provavelmente lendo aquilo que alguém diz a respeito do que alguém disse sobre o que a Bíblia diz. Assim como o estudo por tópicos, os livros que falam da Bíblia podem ser úteis, mas não são fundamentais. Se eu puder citar John Piper mais do que consigo citar o apóstolo Paulo, provavelmente eu esteja praticando a Abordagem do Jogo Telefone Sem Fio. Às vezes, mesmo sem perceber, posso escorregar para esse padrão. Isso acontece porque os livros a respeito da Bíblia não exigem muito trabalho para serem compreendidos se comparados com a própria Bíblia, e eles geralmente são escritos por pessoas que parecem conhecer muito mais a Bíblia do que eu jamais conhecerei.

O problema: somos chamadas para amar ao Senhor nosso Deus com toda a *nossa* mente, não com a mente de John Piper. Embora aquilo que ele e outros tenham a dizer a respeito da Bíblia possa ser extremamente útil, isso não substitui o estudo bíblico feito por nós mesmas. Por que eu gastaria mais tempo lendo diversas vezes um texto extraído das Escrituras em vez de gastar tempo lendo as próprias Escrituras? Teremos mais de Piper se investirmos o nosso tempo no livro que ele ama acima de todos os outros. Uma abordagem bem fundamentada do estudo bíblico reconhece que os livros acerca da Bíblia, assim como o estudo por tópicos, são uma suplementação ao estudo pessoal, não um substituto para ele. A menos que estejamos crescendo em conhecimento bíblico, a capacidade que eles têm de nos ajudar será limitada. Quanto mais crescermos em conhecimento bíblico, mais proveitosos os comentários e as suplementações se tornarão.

A ABORDAGEM DA ESCOLHA DO CARDÁPIO

Adoto essa abordagem quando me empenho em "ficar escolhendo o que comer" na Palavra de Deus. Leio o Novo Testamento; e, com exceção de Salmos e Provérbios, evito ler o Antigo Testamento, ou leio livros com personagens, tramas ou temas com os quais eu consiga me identificar com facilidade. As mulheres, particularmente, parecem ser atraídas para esse tipo de abordagem (você também está um pouco cansada de só ler Ester, Rute e Provérbios 31?), mas todo mundo luta com essa tentação em algum momento.

O problema: Toda a Escritura é inspirada por Deus e útil. Toda ela. Precisamos de uma dieta equilibrada para crescer em maturidade — é hora de ir para o resto da refeição. Nós, mulheres, precisamos tanto dos exemplos masculinos quanto dos femininos para nos dirigir à piedade. Não podemos apreciar plenamente a doçura do Novo Testamento sem o aroma do Antigo Testamento. Precisamos da narrativa histórica, da poesia, dos livros de sabedoria, da lei, das profecias e das parábolas, de tudo isso nos revelando o caráter de Deus em diferentes ângulos. E precisamos ver a história do evangelho de Gênesis a Apocalipse. Uma abordagem bem fundamentada do estudo bíblico nos desafia a aprender todo o conselho da Palavra de Deus. Ela nos ajuda a edificar uma compreensão integrada a respeito de como a Bíblia, como um todo, fala de Deus.

Você percebeu algo familiar nessas sete abordagens? Reconhecer um hábito ruim nunca é divertido, mas isso marca o início de uma mudança para melhor. Posso garantir ter praticado todas essas abordagens, uma vez ou outra, na estrada da descoberta de uma abordagem melhor. Admito que ter ouvido tantas outras mulheres relatarem que já usaram as mesmas abordagens foi um alívio, mas também foi frustrante aprender que muitas de nós parecem estar no mesmo barco. Se nunca fomos treinadas para sermos boas estudantes da Bíblia, não é de se surpreender que tenhamos buscado maneiras de improvisar. De qualquer forma, o predomínio dessas práticas provavelmente revela um ponto cego na visão que a igreja tem de discipulado em vez de uma falta de disposição para aprender por parte do discípulo.

Romper com hábitos existentes é trabalho duro, e somente aqueles que acreditam que o resultado final valerá o esforço se aplicarão no trabalho de abandoná-los. Devemos reconhecer que um caminho melhor exige mais de nós. Devemos combinar a nossa disposição de aprender com uma abordagem que desenvolva o conhecimento bíblico. Devemos aprender a estudar de tal maneira que não estejamos apenas absorvendo as percepções de outra pessoa, mas, de fato, estejamos sendo equipadas para interpretarmos e aplicarmos as Escrituras por nós mesmas. Todo estudo do qual nos encarregarmos deve fazer mais do que apenas nos ensinar sobre um livro da Bíblia; ele deve nos ensinar como estudar qualquer livro da Bíblia com uma eficácia maior.

POR QUE O CONHECIMENTO BÍBLICO É IMPORTANTE?

Você acredita na importância de recuperar o conhecimento bíblico? Deixe-me sugerir uma razão por que você deve acreditar: o conhecimento bíblico é importante porque nos protege de cairmos no erro. Tanto o falso mestre quanto o humanista secular confiam na ignorância bíblica para que suas mensagens criem raízes, e a igreja moderna tem se mostrado um terreno fértil para essas mensagens. E, por não conhecermos a nossa Bíblia, nos desfalecemos diante dos desafios mais básicos a nossa visão de mundo. Desilusão e apatia corroem a nossa convicção. As mulheres, em particular, estão deixando a igreja em números sem precedentes.[2]

Quando as mulheres crescem cada vez mais negligentes em sua busca pelo conhecimento bíblico, todos em seu círculo de influência são afetados. Em vez de agirem como sal e luz, nós nos tornamos uma contribuição insípida para o ambiente em que vivemos e moldamos, sem distinção daqueles que nunca foram transformados pelo evangelho. O lar, a igreja, a comunidade e o país precisam desesperadamente da influência de mulheres que saibam por que acreditam naquilo que acreditam, fundamentadas na Palavra de Deus. Eles precisam desesperadamente da influência de mulheres que amam o Deus proclamado na Bíblia de modo profundo e ativo.

Talvez você tenha sentido que seu próprio interesse pela Bíblia está minguando e tenha se perguntado o porquê disso. Talvez você tenha até mesmo questionado o seu amor por Deus à luz de sua falta

---

2 Vorjack, "Women Leaving the Church" [Mulheres Deixando a Igreja], Patheos, 5 de agosto de 2011, disponível em <http://www.patheos.com/blogs/unreasonable faith/2011/08/women-leaving-the-church/>.

de desejo de conhecer a Palavra. Eu creio que uma mulher que perde o seu interesse pela Bíblia não está equipada para amar da maneira como deveria. O Deus da Bíblia é tão encantador que ofusca buscas menores. Eu desejo que as mulheres, em todo lugar, desenvolvam um amor profundo e permanente por ele, por meio do estudo do texto que o faz conhecido.

Nos capítulos seguintes, quero demonstrar como fazer isso. Assim como muitas professoras, eu tenho uma leve fraqueza por aliteração, portanto, dê-me sua tolerância à medida que explorarmos como valorizar aquilo que chamo de os Cinco P´s do Estudo Saudável.

Estude com **Propósito**

Estude com **Perspectiva**

Estude com **Paciência**

Estude com **Processo**

Estude com **Preces**

Conforme avançarmos ao longo dos nossos Cinco P´s do estudo saudável, você sem dúvidas começará a perceber que o relacionamento entre eles não é estritamente linear. Edificaremos sobre cada ideia à medida que tratarmos delas, mas a ordem na qual elas serão discutidas não indica que uma é mais importante do que a outra. Consideraremos a importância das *preces* por último, embora isso certamente não seja de última importância em nossa abordagem das Escrituras, nem seja o último princípio que devamos praticar. Cada um dos P´s dá suporte aos outros: nós fazemos *preces* para alcançarmos *paciência* a fim de estudarmos bem. A *perspectiva* e o *processo* estão entrelaçados e dependem de mantermos o *propósito* em vista. Tendo em mente que todos os cinco P's são igualmente necessários e inter-relacionados, organizaremos nossa discussão sobre eles avançando em uma ordem que parte do geral para o específico.

Cada uma dessas visões estratégicas nos ajudará a começarmos a crescer no conhecimento bíblico, treinando-nos no exercício: "mente antes do coração" e "Deus antes do eu". Então, mãos à obra.

3

Estude com Propósito

Acaso, não sabeis? Porventura, não ouvis? Não vos tem sido
anunciado desde o princípio? Ou não atentastes para os fundamen-
tos da terra? Ele é o que está assentado sobre a redondeza da terra.

Is. 40.21-22a

Quando eu era pequena, meu pai costumava levar a mim e meus irmãos para acamparmos. No início, eu acreditava que fazíamos esses passeios porque meu pai amava estar ao ar livre. À medida que cresci, comecei a perceber que o que meu pai amava mais do que qualquer outra coisa era uma cama confortável, um telhado sólido sobre sua cabeça e um acesso previsível às notícias da noite em uma TV. Eu me esforçava para tentar entender como esses fatos se relacionavam com o acampamento. Por que, afinal, gastávamos fins de semana fora de casa, na natureza, comendo comida enlatada, quando estava bem claro que meu pai não era um amante de aventuras ao ar livre? Quando eu mesma me tornei mãe, a razão se tornou clara: ele não nos levava para acampar porque ele amava acampar; ele nos levava para acampar porque ele *nos* amava. Conforme a intenção dele tornava-se clara para mim, sua disposição para renunciar aos confortos em troca de repelente de mosquitos e estacas de tendas também começava a fazer perfeito sentido.

Todo bom esforço deve ser feito com um propósito. Sem um senso claro de propósito, os nossos esforços para fazer algo bom podem fracassar. Mas com um propósito claro, somos muito mais propensos a perseverar. Isso com certeza é verdade em relação a desenvolver um conhecimento bíblico — ele exige esforço para ser desenvolvido, mas manter uma clara noção de propósito nos sustenta em nosso trabalho. Como podemos começar a ter mais propósito na maneira como abordamos o estudo bíblico?

Poderia parecer muito óbvio dizer que devemos estudar a Bíblia com propósito. Com certeza, todos nós temos algum propósito em mente quando começamos a estudar — observamos alguns deles no capítulo anterior: fazer com que nos sintamos bem, ter ajuda para tomarmos decisões, ter ajuda para a nossa autodescoberta. Mas queremos ter em mente o propósito que a própria Bíblia espera que tenhamos quando abrimos a sua capa. Nenhum outro propósito é tão importante.

Já temos considerado que a Bíblia é um livro a respeito de Deus, consideremos agora essa verdade em termos mais específicos. Desde Gênesis até Apocalipse, a Bíblia nos fala acerca do reino e do governo de Deus. Essa é a História Principal da Bíblia, o propósito pelo qual ela foi escrita. Cada um dos sessenta e seis livros contribui para contar a História Principal — uma história de criação, queda, redenção e consumação. A Bíblia tem o propósito de nos contar essa História Principal por meio de milhares de histórias menores, desde sua primeira página até a última.

Portanto, o nosso propósito em estudar deve ser buscar essa História Principal cada vez que vamos para as Escrituras. Devemos estudar perguntando não apenas o que uma porção específica das Escrituras quer nos dizer, mas de que forma essa porção está nos contando a respeito da História Principal da Bíblia como um todo. Estudar a Bíblia com propósito significa manter sua mensagem fundamental à vista em todo o tempo, quer estejamos no Antigo Testamento ou no Novo, quer estejamos nos Profetas Menores ou nos Evangelhos. A fim de fazermos isso, devemos diminuir o "zoom" ao lermos cada passagem ou livro em particular, de forma a enxergarmos como ele desempenha o seu papel na revelação da História Principal.

O QUE UMA PASSAGEM DE AVIÃO ME ENSINOU?

Obtive uma compreensão mais clara dessa grandiosa História Principal durante umas férias. Geralmente em nossas férias dirigimos por dez horas de Dallas, no Texas, até Santa Fé, no Novo México, para passarmos um tempo com os avós. Minha família se acostumou com a viagem — pausa para o café nas Cachoeiras Wichita, almoço em Amarillo, um lanche em Tucumcari. O cenário na estrada é espetacular, e as crianças sabem exatamente em que ponto direi para pararem tudo o que estiverem fazendo para apreciarmos um obrigatório "momento da natureza". Meu marido ama mapas, e sua "declamação" fiel das mudanças topográficas da paisagem é sempre um sucesso:

"Estamos nas planícies do Sul, agora..."

"Acabamos de entrar no Vale do Rio Vermelho..."

"Aqui estamos, subindo na direção de Llano Estacado..."

"Estamos passando por Mesalands..."

O fato de ele conhecer exatamente esses detalhes sempre me deixa maravilhada. A sua professora de geografia do ensino médio se deleitaria ao vislumbrar um trabalho tão bem feito. E a minha deveria ficar deprimida na obscuridade: nunca conheci topografia porque nunca me ensinaram topografia.

E foi assim até que eu tive um motivo para voar a Santa Fé e então comecei a apreciar plenamente aquilo que o meu marido sabia. Assim que decolamos e viramos para o oeste, de repente percebi que estava observando as planícies do Sul, as quais estendiam-se abaixo de mim, cortadas pelo Vale do Rio Vermelho, pontuadas pelas elevações de Llano Estacado. Vi os planaltos de Mesalands se estendendo até as montanhas ao norte. Vi, do ponto de vista dos pássaros, a história que eu só havia apreciado em partes, e, de repente, todos os momentos espetaculares durante a viagem se encaixaram em uma paisagem contínua e deslumbrante. A perspectiva que obtive com aquele voo mudou para sempre a minha forma de perceber a viagem de carro.

Pelo preço de uma passagem de avião, meus filhos ganharam não um, mas os dois pais tagarelando sobre topografia durante dez horas todos os feriados.

A HISTÓRIA PRINCIPAL DA BÍBLIA

A Bíblia tem sua própria topografia, seu próprio conjunto de "características geográficas", que se encaixam para formar uma paisagem contínua e deslumbrante. Mas muitas de nós nunca compramos uma passagem de avião para entender seus contornos. Muitas de nós, depois de anos na igreja, não conhecemos a topografia bíblica porque nunca nos ensinaram topografia. Sabemos quando estamos vendo algo lindo nas páginas das Escrituras, mas nem sempre sabemos como aquilo que estamos vendo se encaixa ao restante da história. A nossa compreensão das Escrituras é uma série fragmentada de "momentos da natureza" que talvez nos toquem profundamente, mas que não se interligam necessariamente para nos revelar uma visão panorâmica.

Entretanto, sem a visão panorâmica, podemos ter apenas uma apreciação parcial daquilo que uma única imagem estiver tentando nos dizer. Desde Gênesis até Apocalipse, a Bíblia nos fala acerca do reino e do governo de Deus. Sua topografia fala da criação, queda, redenção e consumação em cada paisagem. A topografia da história principal é repleta de estilos diferentes de escrita — narrativa histórica, poesia, livros de sabedoria, leis, profecias, parábolas, epístolas

— tudo cooperando para expandir a nossa compreensão do reino e do governo de Deus de maneiras diferentes.

A ideia de uma história maior explicando as histórias menores não é exclusiva da Bíblia. Os estudiosos chamam isso de *metanarrativa* — uma explicação abrangente ou um tema norteador que ilumina todos os outros temas de um texto. A metanarrativa é essencialmente uma história a respeito de histórias, englobando e explicando as "pequenas histórias" que ela abrange. A metanarrativa *E o Vento Levou*, de Margaret Mitchell, poderia ser descrita como uma história de opressão, transformação e autoconfiança. A história principal do romance é contada de ângulos diferentes, por meio das histórias individuais dos personagens do livro.

Como jardineira, não posso fazer outra coisa senão pensar na metanarrativa em termos de jardinagem. Assim como a metanarrativa bíblica é uma metanarrativa da criação, queda, redenção e consumação, a metanarrativa da jardinagem é a história do inverno, primavera, verão e outono. Cada planta e árvore do meu jardim contam a sua própria história exclusiva nas flores, nos frutos e nas folhas; mas cada uma dessas histórias aponta para uma história principal: a da mudança das estações. Se eu não tivesse compreensão alguma acerca das estações, poderia não entender por que minha árvore ficou amarela de repente, em vez de verde. Eu poderia interpretar mal essa mudança, como um sinal de doença, e não como um indicador do outono. Mas porque compreendo a metanarrativa da jardinagem, não procuro tomates em meu tomateiro no inverno. Nem posso pedir ao meu pé de jasmim para florescer no outono. Posso interpretar os comportamentos das minhas plantas à luz da estação em que estivermos, e posso perceber qual será a próxima fase da metanarrativa da jardinagem através dos seus sinais.

A nossa falta de conexão com a metanarrativa da Bíblia pode nos tornar muito semelhantes a um jardineiro que falha em reconhecer as folhas coloridas como um sinal do outono, e não como um sinal de doença. Quando não temos clareza a respeito da história principal, talvez tenhamos dificuldade em encontrar uma continuidade entre o Deus do Antigo Testamento e o Deus do Novo Testamento. Teremos dificuldades para fazermos associações com o Antigo Testamento. Interpretaremos erroneamente o propósito ou a ênfase de uma história menor se a considerarmos de forma desvinculada da história principal.

Então, considere a forma como a metanarrativa da criação, queda, redenção e consumação age conforme a história principal orienta e aborda todas as histórias menores. Da janela de um avião, podemos olhar para baixo na paisagem bíblica e observar que a história da *criação* é apresentada em Gênesis 1-2: Deus cria todas as coisas para a sua glória de uma maneira organizada. Ele cria o homem à sua imagem. A *queda* é apresentada em Gênesis 3: o homem tenta usurpar a autoridade de Deus, o seu relacionamento com Deus é arruinado, o cosmos sofre dano. O tema da *redenção* é apresentado imediatamente

em Gênesis 3.15, com a promessa de salvação através da descendên-
cia de Eva. Ao final de Gênesis e Êxodo, o plano da redenção toma a
forma de um povo escolhido por Deus — os descendentes de Abraão,
a nação de Israel. O tema da redenção é explorado ao longo do restante do Antigo Testamento de vários ângulos, apontando, enfim, na
direção da obra redentora perfeita de Cristo na cruz, que nos é recon-
tada nos Evangelhos e explorada nas epístolas. O Novo Testamento
reforça e expande a nossa compreensão da redenção, garantindo-nos
que essa salvação já foi realizada, exortando-nos a buscar santificação
e encorajando-nos a ter esperança em uma glorificação futura. Em
Apocalipse, vemos a *consumação* e a restauração da ordem do cosmos:
Deus restabelece a perfeita ordem com a criação de novos céus e nova
terra.

Saber como um livro da Bíblia em particular se relaciona com a
história principal é importante, mas os elementos individuais dos temas da *criação*, *queda*, *redenção* e *consumação* também podem ocorrer
nas histórias menores da Bíblia de diversas formas. A nossa tarefa é
buscar por esses temas à medida que estudamos.

COMO A METANARRATIVA MOLDA O NOSSO ENTENDIMENTO?

Considere a história de Noé em Gênesis. Muitas de nós temos
aprendido a história de Noé e da arca como um conto heroico de um
homem justo que construiu um barco conforme Deus ordenara, pre-
servando a humanidade por meio de sua obediência. Mas observe

como a metanarrativa nos pede para lermos a história em um nível mais profundo. À luz da história principal, a história de Noé é uma história de *recriação*, na qual Deus faz com que a terra volte ao seu estado original de desordem e depois o reorganiza exatamente como ele fez em Gênesis 1. Ele separa as águas da terra seca, restaura a vegetação e repovoa sua nova criação, ordenando mais uma vez que ela seja frutífera e se multiplique. A história de Noé também é uma história de *redenção*, na qual Noé prefigura Cristo. O fiel servo de Deus é voluntariamente colocado em uma arca (também traduzido por *encaixotado*) por Deus, passa pelas águas da destruição e é despertado para uma nova vida. A história de Noé também é uma história de *queda*. Exatamente no momento em que estamos prontos para proclamar Noé como perfeito em retidão, ele fica bêbado e é encontrado vergonhosamente nu em sua tenda, recordando-nos que somente um homem é perfeito em retidão e capaz de nos salvar. A história de Noé talvez tenha para nós um significado desconectado do ponto de referência da história principal, mas quando a vinculamos à história principal, ela adquire a profundidade e a riqueza que se pretende ter. Em relação à metanarrativa, a história de Noé recebe o foco de uma história sobre Deus: Deus cria, Deus organiza, Deus preserva a vida, Deus provê um libertador e somente Deus pode salvar.

Ou considere a parábola do bom samaritano à luz da metanarrativa. De modo geral, aprendemos essa história como um conto de fundo moral que nos desafia a sermos bondosos para com os outros, mesmo que isso seja inconveniente. Mas de que forma Jesus fez referência à metanarra-tiva quando ele idealizou essa história? A parábola do bom samaritano é uma parábola que ecoa os temas da *queda, redenção e consumação*. Ela é a história de um homem rejeitado pelos judeus (o samaritano), que preser-va a vida de um homem que certamente morreria sem sua intervenção (o homem à beira do caminho). Esse samaritano não tem obrigação alguma de intervir, mas ele o faz ao grande custo de sua própria vida, providen-ciando um cuidado contínuo para o homem desamparado e prometendo voltar para acertar as contas. Vista à luz da metanarrativa, a parábola do bom samaritano é uma história a respeito de Deus: Deus envia seu Filho para ser rejeitado pelos seus, para nos salvar da morte certa, para restau-rar todas as coisas.

Somos chamadas para sermos como Noé? Sim. Somos chamadas para sermos como o bom samaritano? Sim. Mas não apenas porque eles são exemplos positivos para nos inspirar em retidão. Essas histó-rias apontam para Cristo. Elas nos apontam para a história principal do reino e do governo de Deus, convidando-nos para percebermos a nós mesmas em relação a ele. O conhecimento de Deus e o conheci-mento do eu sempre andam de mãos dadas: vemos a retidão de Cristo ilustrada nessas duas histórias e reagimos clamando por graça, a fim de agirmos da mesma forma que Deus agiu conosco em Cristo: liber-tando-nos da inundação de sua ira; resgatando-nos da morte certa.

Mas o que dizer daqueles livros ou partes da Bíblia que não são narrativas ou histórias? Os livros da Lei, os poéticos, de sabedoria e os proféticos também dizem respeito à metanarrativa. Examinaremos como abordar cada um desses gêneros com mais detalhes no capítulo 4, mas por enquanto, vamos considerá-los brevemente (e de forma bem geral) à luz da metanarrativa da *criação, queda, redenção* e consumação.

Livros da Lei: a Bíblia registra a lei de Deus para nós, de modo que entendamos a nossa necessidade de *redenção* por meio de Cristo. Ela também mostra ao crente como obedecer a Deus ao ilustrar o caráter dele e nos chamar para nos conformarmos à sua imagem, começando assim o processo de restauração à imagem de Deus (*consumação*), a qual foi perdida na *queda*.

Livros Poéticos: a poesia na Bíblia varia de lamentações a bênçãos, hinos de louvor e profecias. A linguagem poética e representações podem ser usadas pelos autores das Escrituras para enfatizar ou reforçar qualquer parte da metanarrativa. O conhecido Salmo 23 aponta para a *redenção* e *consumação*. A resposta bem conhecida de Deus ao questionamento de Jó (30-40) aponta para a *criação* e *queda*.

Livros de Sabedoria: assim como acontece com a Lei, os livros de sabedoria nos mostram as lacunas em nossa santificação e nos motivam a responder em obediência. Eles também apontam para a nossa necessidade de *redenção* e para a obra contínua de restauração na vida do crente (*consumação*).

Livros Proféticos: Quando estudamos os profetas, aprendemos que Deus faz exatamente aquilo que ele diz que fará. Perceber o cumprimento meticuloso da profecia no livro de Daniel ou de Isaías nos aponta para a certeza de que todas as profecias ainda não cumpridas serão também cumpridas meticulosamente. As profecias apontam para a metanarrativa, dizendo "a *redenção* foi cumprida e a *consumação* é algo certo".

Aprender a interligar uma passagem das Escrituras à ampla visão da metanarrativa poderia ser tão simples quanto comprar uma passagem de avião para Santa Fé. Identificar a metanarrativa à medida que estudamos é algo que não acontece sem esforço — essa é uma habilidade de estudo que exige tempo e prática para ser adquirida. Todas as novas habilidades requerem uma curva de aprendizagem. À medida que você começar a estudar com propósito — com a história principal em vista — permita-se ter uma curva de aprendizagem conforme seus olhos se ajustam a esse novo ponto de vista. Com o tempo, você se tornará melhor em conectar as áreas individuais do estudo a uma compreensão integral do propósito de Deus desde Gênesis até Apocalipse.

4

Estude com Perspectiva

Por isso, todo escriba versado no reino dos céus é semelhante a um pai de família que tira do seu depósito coisas novas e coisas velhas.

Mt. 13.52

Aprender a nos orientar para a metanarrativa das Escrituras dará um propósito claro ao nosso estudo: contemplar o reino e o governo de Deus conforme revelado em sua Palavra e, assim, compreender melhor o nosso próprio lugar na história principal. Uma vez que tenhamos determinado o nosso propósito nesses termos amplos, estaremos preparadas para considerar o segundo *P* de nosso estudo saudável: *perspectiva*. Nós paramos de perguntar, "Qual é a estrutura geral da Bíblia?" e passamos a perguntar: "Qual é a estrutura específica para esta porção que estou estudando das Escrituras?"

Pense mais uma vez em minha viagem para Santa Fé. Amarillo, no Texas, é o ponto que está na metade do caminho, por essa razão, geralmente paramos lá para um almoço rápido. Se você nunca esteve naquela região do Texas, deixe-me dizer que ela não é exatamente um lugar agradável. Amarillo, em particular, emite um cheiro de gás metano ao longo de oito quilômetros de estrada, devido a um curral mal localizado. A topografia é árida e plana. Se Amarillo fosse um livro da Bíblia, ele provavelmente corresponderia a Levítico: para aqueles que só estão de passagem, é difícil imaginar por que alguém desejaria passar mais tempo ali. Mas se eu tivesse que ficar um tempo em Amarillo, descobriria que lá é um lugar com uma cultura e história únicas, um lugar de fazendas de gado, fazendas eólicas gigantes, do *Canyon* de *Palo Duro* e da fazenda do famoso bife texano de dois quilos. Quanto mais tempo eu passasse em Amarillo, mais poderia apreciar esses tesouros locais. Eu poderia nunca desejar ir embora.

Com a Bíblia acontece da mesma maneira. Não só todos os sessenta e seis livros da Bíblia dizem uma única história extensa, mas cada um desses sessenta e seis livros conta a sua própria história, refletindo o caráter de Deus por meio de uma lente histórica e cultural específica. Essa lente nos dá a perspectiva necessária que precisamos para compreender um texto corretamente. Se tirarmos tempo para aprendermos a perspectiva histórica e cultural de um livro da Bíblia, entenderemos como interpretá-lo e valorizá-lo melhor. Mas como podemos aprender a estudar com a perspectiva correta? Para fazê-lo, devemos nos tornar arqueólogas.

DESENTERRANDO A HISTÓRIA

A cidade de Roma existe desde o século VIII A.C., um fato do qual seus cidadãos hoje estão bem cientes. Se você possui uma casa em Roma atualmente, a história se revela em qualquer projeto de melhoria de casas que requeira escavação. Isso porque a Roma dos dias de hoje foi construída em cima da Roma antiga. Bem abaixo da superfície dessa cidade agitada, repousam literalmente quilômetros de templos antigos, casas de banho, prédios públicos e palácios que desapareceram de vista; muitos deles ainda estão intactos.[1] Por séculos, os romanos construíram em cima de estruturas já existentes, às vezes eles as preenchiam com terra para torná-las um alicerce mais adequado para a nova construção. O resultado é uma cidade em cima de outra cidade, com uma coluna antiga ocasionalmente se projetando de um alicerce moderno, dando a sugerir o que se encontra em baixo. Os arqueólogos têm mapeado meticulosamente essa Roma subterrânea em um esforço para preservar seu registro da antiguidade que está desparecendo; reconhecendo, com razão, o seu valor para o mundo moderno.

Assim, quando o proprietário de uma casa na Roma atual quer fazer qualquer reforma que exija escavação, quase sem exceção, os arqueólogos devem ser consultados.[2] Roma não permite que seus

1 Tom Mueller, *"Underground Rome"*, The Atlantic Monthly ["Roma Subterrânea" em O Mensário Atlântico], abril de 1997, disponível em <http://www.theatlantic.com/past/docs/issues/97apr/rome.htm>.

2 Stephan Faris, *"Rome's Developing Subway"*, Travel and Leisure ["A Passagem Subterrânea de Roma" em Viagens e Lazer], abril de 2008, disponível em <http://www.travelandleisure.com/articles/romes-developing–subway>.

residentes escavem sem levar em consideração sua rica e relevante história. Todo tipo de construção atual deve ser feita com cuidado, reconhecendo que seus habitantes contemporâneos vivem em um contexto que é bem maior do que o curto período de tempo em que habitarão ali. Viver em Roma significa respeitar seus primeiros habitantes, ocupando um lugar atual e ao mesmo tempo mantendo uma perspectiva antiga. A tentação de reformar uma residência particular para torná-la mais agradável sem notificar as devidas autoridades pode ser forte. O desejo de dizer: "Não posso simplesmente construir de acordo com meu próprio gosto?" pode ser grande. O passado está lá para ser escavado, mas somente aqueles cidadãos com um senso de seu pequeno espaço na história de Roma estão dispostos a habitar a cidade de acordo com suas rigorosas leis de construção.

Assim como os residentes atuais de Roma, nós cristãos hoje devemos lidar com as nossas Bíblias com o mesmo entendimento. Os cristãos atuais herdaram uma fé que está construída sobre os fundamentos daquilo que veio antes. Nós também devemos ocupar um lugar atual ao mesmo tempo em que mantemos uma perspectiva antiga. As porções mais antigas de nosso texto sagrado foram escritas há aproximadamente 1500 anos A.C., em uma língua que não falamos, para pessoas cujas vidas pareciam ser bem diferentes das nossas. Mas muitas de nós escolhemos edificar o nosso entendimento das Escrituras hoje sem qualquer consideração pelo contexto histórico e cultural que repousa debaixo de sua superfície; um contexto que é essencial para a compreensão e aplicação corretas de qualquer texto. A tentação para tornarmos a Bíblia aplicável à nossa experiência atual sem preservarmos seus laços com os ouvintes originais é forte. O desejo de dizer: "Não posso ler o texto como se ele tivesse sido escrito para mim?" é grande. Os contextos históricos e culturais da Bíblia estão lá para serem escavados, mas somente aqueles crentes com um senso de seu pequeno lugar na história da redenção estão dispostos a cavar com diligência.

ESCAVANDO PARA TER PERSPECTIVA

Não é de se admirar que a Bíblia compare a aquisição da sabedoria ao fato de encontrarmos ouro, prata e um tesouro escondido; todas essas coisas exigem escavação para serem obtidas. E escavar é um trabalho difícil, principalmente quando deve ser feito respeitando-se o contexto histórico e cultural. Vivemos numa época em que a Bíblia é geralmente considerada um livro para a nossa própria edificação, por meio do qual o Espírito Santo simplesmente revelará a verdade àqueles que estiverem dispostos a lhe dar alguns minutos de sua atenção por dia. Os músculos intelectuais que os nossos antepassados na fé uma vez usaram para escavar têm crescido atrofiados na mente moderna. Poucas de nós estamos dispostas a fazer o trabalho duro de escavar, preferindo viver na compreensão moderna da Bíblia, sem nenhuma consideração pelo seu público ou propósitos originais; costurando a nossa leitura moderna para se adaptar aos nossos próprios objetivos. E porque perdemos o senso do quanto somos pequenos no grandioso esquema da história, nós rapidamente evitamos a prática saudável de "consultar os arqueólogos" para nos ajudarem a cavar de modo responsável quando lemos e estudamos. Precisamos da perspectiva dos povos da antiguidade, e essa perspectiva deve ser escavada.

Os estudiosos chamam esse processo de escavação do sentido original de uma passagem de *exegese*. Cada uma de nós é um produto da época e da cultura em que vivemos e, sendo assim, trazemos algumas ideias preconcebidas para a nossa leitura das Escrituras. É por isso que determinadas passagens podem nos causar grande dificuldade quando as encontramos pela primeira vez — passagens como, bem, basicamente todo o livro de Levítico. A exegese nos impele para além dos limites da nossa compreensão pessoal de cultura e história, pedindo-nos para voltarmos ao período em que o texto foi escrito e ouvi-lo com os ouvidos dos ouvintes originais. A exegese diz: "Antes que você possa ouvir isso com o seus ouvidos, ouça-o com os deles. Antes que você possa compreender isso nos dias de hoje, compreenda-o nos dias deles". Ela nos pede para assumirmos a perspectiva do autor e de seu público em seu cenário original. A exegese nos pede para sermos arqueólogas na medida da nossa capacidade e para consultarmos a ajuda de arqueólogos mais capazes naquilo que precisarmos. Ela nos dá a perspectiva necessária para interpretarmos adequadamente as Escrituras. Ela faz isso por meio de cinco perguntas arqueológicas básicas para qualquer texto em questão.

1 - Quem escreveu o texto?

2 - Quando ele foi escrito?

3 - Para quem ele foi escrito?

4 - Em qual estilo ele foi escrito?

5 - Por que ele foi escrito?

Se neste momento você se sente como se estivesse de volta a uma sala de aula do ensino médio, é exatamente assim que eu quero que você se sinta. Acredite ou não, não temos que frequentar um seminário para aprendermos como conduzir a exegese de um texto. Essas habilidades nos foram provavelmente ensinadas no ensino médio. Uma parte da desmistificação do estudo bíblico é reconhecer que os princípios básicos de interpretação literária são aplicáveis a todos os livros, inclusive à Bíblia. Grande parte da nossa dificuldade com o estudo bíblico apropriado pode ser atribuída à nossa dificuldade com o português do ensino médio e com a nossa hesitação em considerarmos a Bíblia como literatura. Deixe-me garantir duas coisas a você:

1 - A Bíblia não é de modo algum depreciada por ser designada como literatura.

2 - Sua habilidade para compreender a Bíblia aumentará grandemente se você tratá-la como tal.

Chamar a Bíblia de *literatura* é um simples reconhecimento de que ela transmite uma mensagem por meio de um autor humano, para um público humano, na forma de palavras. De acordo com o dicionário, literatura é qualquer obra escrita "que possui excelência na forma ou expressão, e expressa ideias de interesse universal ou permanente".[3] A Bíblia é, pelo menos, isso e muito mais. Mas entender a Bíblia como literatura nos permite empregar ferramentas básicas de escavação que aprendemos a usar na escola (ou deveríamos ter aprendido). Talvez os anos tenham ofuscado suas lembranças das aulas de português do ensino médio ou talvez suas aulas tenham sido dadas por um treinador de futebol. Não é tão tarde para rever esses princípios básicos de interpretação a fim de obter ajuda para estudar a peça literária mais importante que já foi redigida. Ao fazer cinco perguntas arqueológicas simples a respeito do texto antes de começar a ler, você pode ao mesmo tempo satisfazer as mais preciosas esperanças de sua professora de português e se tornar uma melhor estudante da Bíblia.

Abordaremos rapidamente cada uma dessas cinco perguntas para entendermos como o fato de respondê-las causará impacto em nosso estudo.

1. QUEM ESCREVEU O TEXTO?

A maioria de nós não lemos um livro ou um artigo sem considerarmos sua fonte. Saber quem escreveu algo nos ajuda a compreender por que um texto é escrito de uma maneira e não de outra, e nos ajuda a julgar a credibilidade daquilo que foi escrito. Em relação aos autores

---

3 Merriam-Webster OnLine, sob a palavra "*literature*" [literatura], disponível em <http://www.merriam-webster.com/dictionary/literature?show=0&t=1385582790>.

bíblicos, a credibilidade não está em jogo — vamos para o texto com o pressuposto de que Deus inspirou um determinado autor a escrever com autoridade plena. Mas por nos aproximarmos do texto com esse pressuposto, às vezes nos esquecemos de dar a devida consideração ao elemento humano da autoria bíblica: Deus escolheu uma pessoa específica para escrever um livro específico. Como essa escolha influencia a maneira como interpretamos determinado livro? Nem sempre sabemos quem escreveu um livro específico da Bíblia, mas até mesmo a ambiguidade autoral moldará a forma como lemos o texto.

Assim como saber que Thomas Jefferson e Benjamin Franklin escreveram a Declaração de Independência norte-americana molda a forma como lemos esse documento, saber que o meio-irmão de Jesus escreveu o livro de Tiago também molda a forma como lemos a epístola. Reconhecemos que Tiago escreveu como alguém que recebeu o conhecimento diretamente de Jesus, de um modo que outros não receberam e com uma perspectiva que nenhum outro poderia alegar ter. Não é de se surpreender o fato de seus escritos ecoarem as palavras do Sermão do Monte de modo tão exato, e saber que ele teve uma morte de mártir nos faz levar a sério suas palavras acerca de vivermos a nossa fé.

2. QUANDO ELE FOI ESCRITO?

Usamos a datação de um livro para nos ajudar a entender como o livro teria sido lido por seu público original, de que maneira ele fala especificamente sobre aquele momento da história, quais outros livros da Bíblia são seus contemporâneos e onde ele se encaixa na história principal. Nem todos os livros são capazes de ser datados com precisão, mas muitos o são. Em alguns casos, talvez mais notadamente no livro de Apocalipse, a data que um comentarista escolher como sendo a mais precisa poderá influenciar fortemente sua interpretação do texto.

Conhecer a data aproximada em que um livro foi escrito nos ajuda a considerarmos os fatores culturais que influenciaram sua escrita. Associada à nossa próxima pergunta arqueológica ("Para quem ele foi escrito?"), a data de um livro nos permite examinar as estruturas sociais, os papéis dos gêneros, as leis, a geografia e as forças políticas que cercavam o público para o qual o livro fora escrito originalmente. Isso nos ajuda a começarmos a fazer as perguntas certas sobre os pressupostos implícitos de um autor acerca da adoração, casamento, família, idolatria, escravidão, posse de propriedades, deveres cívicos e assim por diante.

3. PARA QUEM ELE FOI ESCRITO?

Cada livro da Bíblia foi escrito para um público específico que viveu no passado. Esses ouvintes originais viveram em épocas e culturas muito diferentes das nossas. A mensagem da Bíblia transcende seu público original, mas ela não pode ser separada de seu público original. Conforme Gordon Fee e Douglas Stewart observam: "Um texto não pode significar aquilo que ele nunca poderia ter significado para o seu autor ou seus leitores".[4]

Muitas de nós já ouvimos que "a Bíblia é uma carta de amor de Deus para nós". Em certo sentido, ela o é, mas conforme já consideramos, a Bíblia é, primeiramente e acima de tudo, um livro a respeito de Deus. Quando perguntamos: "Para quem um determinado livro foi escrito?", estamos expandindo essa primeira ideia para dizer: "A Bíblia é um livro a respeito de Deus, escrito para pessoas que viveram no passado e também escrito para nós". Da mesma forma como não estudaríamos Platão ou Sócrates sem considerarmos o público da época, não podemos estudar o texto bíblico sem fazermos o mesmo.

Ocorrem muitas aplicações incorretas das Escrituras porque os crentes hoje ignoram o público para o qual foi escrito um texto. Nem todas as promessas feitas ao Israel étnico se aplicam ao Israel espiritual (a Igreja). Nem todas as instruções relativas a pessoas e bens se aplicam à cultura moderna. Devemos considerar as necessidades, estruturas sociais, crenças e desafios específicos daqueles para quem o autor escreveu originalmente se quisermos interpretar e aplicar uma passagem de forma apropriada. Antes de perguntar: "O que este texto tem a me dizer?", devemos perguntar: "O que este texto tinha a dizer ao seu público original?"

4 Gordon Fee and Douglas Stuart, *"How to Read the Bible for All Its Worth"* (Grand Rapids, MI: Zondervan, 1993), p. 74, traduzido para o português como Como Ler a Bíblia Livro por Livro: Um guia de estudo panorâmico da Bíblia, Vida Nova: São Paulo, 2013.

4. EM QUAL ESTILO ELE FOI ESCRITO?

No capítulo 3, consideramos alguns dos diferentes estilos literários encontrados nas Escrituras à luz da metanarrativa. Cada livro da Bíblia utiliza um ou mais desses gêneros para comunicar sua mensagem. A nossa capacidade de interpretar e aplicar um texto com precisão depende do quão bem compreendemos as nuances de cada um desses gêneros. Cada gênero utiliza a linguagem de maneira diferente.

A *narrativa histórica* utiliza a linguagem para fornecer uma releitura real dos acontecimentos. Ela tem a intenção de ser interpretada pelo que ela de fato parece dizer. Saber disso nos previne de ler livros desse gênero como sendo um simples mito ou alegoria. Nós compreendemos isso; o relato do dilúvio, primeiramente e acima de tudo, deve ser lido como uma história. Isso não significa que ele não contenha quaisquer elementos alegóricos, mas que qualquer objetivo alegórico é secundário em relação ao propósito de recontar um acontecimento real.

As parábolas/histórias contadas utilizam personagens e cenários cuidadosamente formulados para ensinar uma lição ou ilustrar um ponto. Talvez nem todo detalhe de uma parábola acrescente algo importante ao sentido geral, e nem todo personagem represente alguém ou algo. Os personagens e os cenários que podem parecer estranhos para nós seriam facilmente reconhecidos por seu público original. Aprender a ouvir essas histórias culturalmente ricas da mesma forma como seus ouvintes originais a ouviram nos permite interpretá-las adequadamente.

As Leis na Bíblia geralmente utilizam uma linguagem referente a situações ou relacionamentos tão distantes da nossa compreensão cultural hoje que podemos ficar totalmente perdidas a respeito de como compreendê-las. Às vezes, as leis registradas são uma lista parcial ou representativa de um conjunto completo de leis que existiam em outro lugar na forma escrita, levando o leitor dos dias de hoje a questionar por que apenas determinados assuntos são tratados, enquanto outros são aparentemente desconsiderados. É importante lembrar que as leis foram registradas como diretrizes para as autoridades governamentais, e não para que os indivíduos administrassem a justiça por si próprios. A famosa lei do "olho por olho, dente por dente" não concede permissão para que um homem exija retaliação contra o seu vizinho. Ela provê uma orientação para um juiz proferir a sentença de um caso, servindo para impedir que a parte lesada se vingue (punição exagerada) ao invés de receber o que é justo (justiça).

A Poesia na Bíblia, assim como em qualquer outro lugar, utiliza a linguagem de forma simbólica e metafórica para descrever imagens com palavras. Quando o salmista pede para Deus destruir totalmente seus inimigos, podemos ler isso como uma expressão poética de profunda dor e raiva, em vez de um pedido de oração real e assustador. Quando um autor fala, cheio de entusiasmo, que os dentes de sua amada são como o rebanho das ovelhas recém-tosquiadas, que sobem do lavadouro, entendemos que ele tem a intenção de elogiá-la por seu sorriso encantador.

Os Livros de Sabedoria utilizam a linguagem para transmitir princípios que, de forma geral, são verdadeiros, embora não universalmente verdadeiros. Ler um provérbio como se fosse uma promessa pode levar à angústia e dúvida. Entendê-lo como uma regra geral para a vida pode nos direcionam para uma tomada de decisão sábia. O famoso provérbio "Ensina a criança no caminho em que deve andar, e, ainda quando for velha, não se desviará dele" não promete que pais crentes terão filhos crentes. Em vez disso, ele afirma um princípio sábio e geral de que um pai piedoso deve ensinar seus filhos no caminho da piedade.

As *Profecias*, assim como a poesia, utilizam a linguagem de maneira simbólica. Colocar a profecia dentro de seu contexto histórico e cultural esclarece ainda mais esse seu uso de linguagem. Quando uma profecia diz que o sol, a lua e as estrelas cairão do céu, podemos examinar essa linguagem de acordo com as regras do gênero em vez de supor que um acontecimento cósmico está sendo profetizado de modo específico (embora isso seja possível). Saber que os pagãos das culturas antigas adoravam o sol, a lua e as estrelas nos ajuda a compreender melhor a profecia acerca da extinção dos corpos celestiais: a adoração a outras divindades cessará quando a profecia for cumprida.

5. POR QUE ELE FOI ESCRITO?

Cada autor escreve com um propósito específico em mente. Os autores da Bíblia não são uma exceção à regra; eles escrevem para registrar a história, para instruir, para admoestar, para inspirar, para repreender, para advertir e para encorajar. Eles escrevem para tratar das necessidades, esperanças ou temores de seu público à luz do caráter de Deus. Podemos identificar por que um livro foi escrito ao considerarmos seus temas principais e as ideias repetidas à luz do seu público original, e de seu contexto histórico e cultural. Conhecer o propósito para o qual um texto foi escrito nos guarda de lê-lo unicamente para os nossos próprios objetivos.

NÃO ENTRE EM PÂNICO

Eis uma boa notícia: ninguém espera que você saiba as respostas das cinco perguntas de cor, nem tampouco você deve esperar que o Espírito Santo simplesmente revele as respostas a você. Ele as tem revelado, mas ele tem feito isso ao dotar algumas pessoas no corpo de crentes com o desejo e a capacidade de descobrir essas respostas por meio do estudo diligente. Você tem permissão para obter ajuda da arqueologia.

Mas onde você deve ir para buscar ajuda? Uma Bíblia de estudo confiável, como a *Bíblia de Estudo de Genebra*, é um ponto de partida indispensável. Uma Bíblia de estudo fidedigna é uma ferramenta essencial para alguém que deseja começar a desenvolver o conhecimento bíblico. No início de cada livro, você encontrará uma discussão sobre as questões arqueológicas. Antes de começar a ler um livro específico, leia o material introdutório que se encontra ali. Mas não leia simplesmente — escreva as cinco perguntas que propusemos e anote as respostas que você encontrar para cada uma delas. Para o livro de Gênesis, suas anotações poderiam ser mais ou menos assim:

Quem escreveu o texto?	A autoria é atribuída a Moisés, o libertador de Israel, aquele que trouxe a lei, juiz. Provavelmente usou os recursos orais e escritos existentes para escrevê-lo.
Quando ele foi escrito?	Por volta de 1400 A.C., durante o período de quarenta anos de peregrinação no deserto.
Para quem ele foi escrito?	Aos israelitas que foram tirados do Egito, durante o período que passaram no deserto.
Em qual estilo ele foi escrito?	De forma geral, narrativa histórica. Algumas poesias e profecias.
Por que ele foi escrito?	Para dar à nação de Israel uma história e uma regra de vida quando entrassem em Canaã. Para recordá-los de seu passado e prepará-los para o futuro.

Ao escrever as perguntas e respostas você será capaz de se lembrar daquilo que aprendeu com o material introdutório. Esse é um passo a mais, mas o esforço valerá a pena. Uma Bíblia de estudo não é o único lugar onde você poderá encontrar um material introdutório — um comentário ou um manual bíblico também poderão ajudá-la.

Discutiremos sobre como escolher e utilizar ferramentas de estudo, como Bíblias e comentários, no próximo capítulo. Por ora, tenha em mente que é bom consultar mais de uma fonte para responder às cinco perguntas. Estudiosos diferentes as responderão de formas diferentes, e nem todos os estudiosos têm o mesmo ponto de vista teológico. Consultar mais de uma fonte irá ajudá-la a perceber se está respondendo às cinco perguntas da forma como a maioria dos estudiosos, cada um com o seu ponto de vista teológico, as responderiam.

O ANTIGO E O MODERNO

Exatamente como a cidade de Roma, sua Bíblia é uma maravilha moderna inseparavelmente ligada a um contexto antigo. Estudar com perspectiva, fazer o trabalho duro de cavar até as estruturas culturais e históricas originais de um texto, irá capacitá-la a ler a Bíblia da forma como o seu autor humano pretendia que ela fosse lida. Levar em conta o propósito original de um livro e conhecer os gêneros literários que ele utiliza a capacitará a começar o processo de desenvolvimento do conhecimento bíblico com zelo. Uma vez que você tenha escavado as respostas das cinco perguntas arqueológicas, você estará preparada para começar o processo de aprendizagem do texto, trabalhando metodicamente para trazer tesouros antigos aos contextos modernos.

5

Estude com Paciência

A [semente] que caiu na boa terra são os que, tendo ouvido de bom e reto coração, retêm a palavra; estes frutificam com perseverança.

Lc. 8.15

Até aqui, observamos a importância de estudarmos com *propósito* — trabalhando para inserir qualquer texto em questão dentro da história principal da Bíblia, e temos considerado a importância de estudarmos com *perspectiva* — trabalhando para inserir cada texto analisado em seus contextos histórico e cultural originais. Esses dois primeiros P´s, dos cinco P´s do estudo saudável, podem exigir mais tempo e esforço para serem colocados em prática do que os nossos estudos no passado exigiam, mas eles impactarão grandemente nossa compreensão a respeito do que lemos. Eles exigem mais de nós como estudantes do que planejávamos nos esforçar caso fôssemos deixadas aos nossos próprios padrões. O estudo bíblico, assim como a maioria das habilidades, exige disciplina. Se você já teve que aprender alguma habilidade, você provavelmente se recordará da frustração que o acompanhou — os sentimentos de inadequação, a monotonia de repetir um processo até que você o tenha aprendido, o desejo intenso de abandoná-la ou de encontrar uma maneira mais fácil de realizá-la. Aprender a estudar a Bíblia traz todos esses mesmos sentimentos, razão pela qual o nosso terceiro *P* do estudo saudável é um lembrete para deixarmos que o processo de aprendizagem tome o seu curso. Além de estudar com propósito e perspectiva, devemos estudar com *paciência*. Aprendemos muito cedo, com nossos pais e professores, que a paciência é uma virtude. Podemos perceber o seu valor ao lidarmos com pessoas ou dificuldades. Estamos cientes de que ela aparece como o quarto fruto do Espírito (Gl 5.22-23), mas nem sempre somos rápidas para colocá-la em prática. A nossa cultura acredita que a paciência é uma chatice e procura maneiras de evitar exercê-la constantemente. Os shows de televisão resolvem conflitos em trinta minutos ou menos. Os restaurantes nos servem comida quase tão rapidamente quanto conseguimos fazer o pedido. A internet entrega toda e qualquer compra que poderíamos conceber em menos de quarenta e oito horas. Músicas, e-books e filmes estão disponíveis instantaneamente. Programas de perda de peso oferecem resultados imediatos. A noção de gratificação tardia pode ser difícil de ser aprendida e praticada em uma cultura de paciência opcional, que celebra a satisfação imediata de cada desejo.

Assim, não é de se surpreender que o desejo por gratificação instantânea possa ainda penetrar furtivamente em nosso estudo bíblico. A predominância de material devocional disponível traz evidências de nosso amor pelo "pacote" pronto: uma intuição espiritual combinada com alguns versos e uma aplicação ou duas. Abordamos o nosso "tempo na Palavra" como o *drive-thru do McDonald's*: "Tenho só alguns minutos, dê-me algo rápido e fácil para eu me alimentar".

Mas o estudo bíblico saudável está arraigado na celebração da gratificação tardia. Ganhar conhecimento bíblico exige permitir que nosso estudo tenha um efeito cumulativo — ao longo de semanas, meses e anos — de modo que a inter-relação de uma parte das Escrituras com outra se revele de forma vagarosa e graciosa, como um pano que, ao ser retirado, vai deslizando centímetro por centímetro até revelar a obra de arte que está por baixo. A Bíblia não deve ser um pacote pronto de suplementos para trezentos e sessenta e cinco dias do ano. Ela não deve ser reduzida a clichês e planos de ação. Ela quer fazer você pensar, a fim de estender o seu entendimento. Ela revela um mosaico da majestade de Deus, texto por texto, um dia por vez, ao longo de toda vida. É claro que você deve trazer entusiasmo para o seu tempo de estudo. Sim, também traga fome. Mas, com certeza, traga paciência — venha preparada para estudar por toda vida.

PACIÊNCIA COM VOCÊ MESMA

O oitavo ano do ensino fundamental é o ano da choradeira começar. Com os nossos filhos mais velhos, fomos pegos de surpresa — a escola jamais havia causado neles aquele nível de angústia antes. Mas com a introdução da álgebra, todos os nossos quatro filhos adotaram um ritual noturno de frustração e lágrimas. Jeff e eu desenvolvemos um mantra que pegamos emprestado de um de nossos filmes favoritos de beisebol: *There is no crying in math* [Não há choro em matemática].[1] A inauguração aconteceu em uma noite, quando tentávamos desfazer a confusão que havia sido criada em torno da lição de casa, tranquilizando as crianças com a ideia de que elas tinham aquilo que era necessário para completarem o trabalho, e guiando-as gentilmente para avançarem com paciência.

A primeira vez que usamos o "Não há choro em matemática", falado em um tom de completa calma a alguém que não estava mais conseguindo pensar, esse alguém gritou ainda mais inflexível: *Você não entende! Estou completamente perdido. Meu professor fez um péssimo trabalho explicando esse conceito. A aula é muito difícil. Por que, em vez disso, você não deixa eu me inscrever para fazer uma aula de educação física ao ar livre?*

Na época em que o nosso filho mais novo passou para o oitavo ano, essa cena se desenrolou de forma diferente. Conforme o caçula da família sentou-se à mesa, enxugando as primeiras lágrimas de frustração induzidas pela matemática, eu apelei para o respeitado mantra: "Calvin, não há choro em matemática". E, antes que ele pudesse escondê-lo, um sorriso começou a aparecer nos cantos de sua boca. Calvin tinha a vantagem de saber como o oitavo ano terminava.

---

1 *A League of Their Own*, 1992. *"There's no crying in baseball!"* [Não há choro no beisebol!].

Após ter observado seus irmãos irem das lágrimas para os sorrisos durante o oitavo ano de aventura na matemática, ele sabia que a frustração era parte natural do processo de aprendizagem. Havia choro na matemática? Para dizer a verdade, havia muito choro. Mas, no final, Calvin havia testemunhado a diligência e a paciência deles para realizarem o trabalho à medida que cada um de seus irmãos adquiria as habilidades necessárias para conquistar a matemática — no oitavo ano e nos demais. Calvin poderia se sentir perdido agora, mas esse sentimento não duraria. Sentir a frustração do processo de aprendizagem era como se ele estivesse se colocando no lugar dos seus irmãos mais velhos. Sim, o choro poderia durar uma noite, mas a alegria de entender viria, sem dúvida, com o tempo e o esforço.

Eu gostaria que mais mulheres compreendessem essa perspectiva quando se trata de aprender a Bíblia. Ser uma estudante de qualquer matéria exige esforço — o processo de obtenção de entendimento não é fácil e geralmente pode ser frustrante. Dependendo do assunto, aprender pode ser agradável, mas isso não acontecerá sem esforço. Aprender exige trabalho. Isso é tão verdadeiro em relação a aprender a Bíblia quanto a aprender álgebra. Pensamos que aprender a Bíblia deveria ser tão natural quanto inspirar e expirar. Se conhecer a Palavra de Deus é algo tão bom para nós, com certeza Deus não tornaria isso difícil de fazer. Mas o aprendizado da Bíblia exige disciplina, e a disciplina é algo que não aceitamos naturalmente. E porque aprender a Bíblia exige disciplina, a paciência desempenha um papel muito necessário em nosso progresso.

Muitas aulas dos meus filhos jamais os levaram a chorar de frustração. Aulas como trilhas ao ar livre são divertidas; elas oferecem um conhecimento novo ao estudante, mas não conseguem expandir seu entendimento. Chegar ao entendimento é bem mais difícil do que apenas assimilar novos fatos. Quando lemos um jornal, não nos sentimos frustrados em nossa capacidade de entendê-lo. Isso porque o jornal não tem a intenção de expandir o nosso entendimento — ele é um sistema de entrega de informação. Aprender a Bíblia é buscar o conhecimento, mas essa busca é, em última análise, uma busca por entendimento. Ao contrário de um jornal, a Bíblia é muito mais do que um sistema de entrega de informação — ela almeja moldar a forma como pensamos. Isso significa que devemos esperar ter, com frequência, experiências de frustração quando sentamos para lê-la.

Você espera enfrentar frustração quando estuda a Bíblia? Como você reage quando não consegue entender uma passagem? Como adultos, nós não temos mais a obrigação de estudar porque nossos pais ou professores estão nos cobrando. Se cedermos à impaciência no processo de aprendizagem, teremos a tendência de reagir de apenas duas maneiras.

Nós desistiremos. Ao descobrirmos que estudar a Bíblia é muito confuso, muitas de nós pensamos: "Isso não deve ser o meu dom", e seguimos adiante na direção dos aspectos da nossa fé que surgem com mais naturalidade. Nós permitimos que os sermões, áudios, livros ou blogs sejam a nossa única fonte de absorção da Bíblia. Talvez leiamos a Bíblia de forma devocional, mas assumimos que simplesmente não estamos conectadas para aprendermos sobre a Bíblia de nenhuma forma estruturada. *Nós buscaremos um atalho.* A fim de acabarmos o mais rápido possível com a sensação de estarmos perdidas, corremos para as anotações de nossa Bíblia de estudo imediatamente após a leitura. Ou mantemos um comentário à mão, de modo que possamos consultá-lo ao primeiro sinal de confusão. Se lermos alguma coisa confusa, não há necessidade de lágrimas de frustração — podemos simplesmente ler aquilo que as anotações de nossa Bíblia de estudo dizem ou procurar uma resposta na internet para a nossa pergunta. Mas ter uma ajuda prontamente disponível para interpretação é tão útil quanto parece? Ou acabamos como aquelas crianças da aula de português do ensino médio que nunca liam um livro porque a sua resenha ou o filme estavam facilmente disponíveis?

Na verdade, usar um atalho, é, de certa maneira, ligeiramente melhor do que desistir, porque desistir não honra o processo de aprendizagem. A pressa para eliminar o conflito do momento "eu não sei", na verdade diminui o êxito do momento "eureca" da descoberta.

COMO A PACIÊNCIA PROMOVE A APRENDIZAGEM

Nós amamos os "momentos eureca" — aqueles momentos quando algo que nos confundia de repente faz sentido. O que, às vezes, ignoramos acerca dos "momentos eureca" é que eles acontecem depois de um considerável período nos sentindo perdidas. Será que esses períodos quando nos sentíamos perdidas na verdade nos prepararam para compreendermos o que viria no final? Será que essa sensação de estar perdida não é uma maneira de Deus nos humilhar quando vamos para sua Palavra, sabendo que no tempo oportuno ele exaltará o nosso entendimento?

Contrariamente ao nosso instinto de reação, sentir-se perdida ou confusa não é uma coisa ruim para uma estudante. De fato, isso é um sinal de que o nosso entendimento está sendo desafiado, e que o aprendizado está para acontecer. Adotar o conflito de se sentir perdida, em vez de evitá-lo (desistir) ou menosprezá-lo (procurando um atalho) nos colocará, de fato, na melhor posição possível para aprender. Precisamos nos dar a permissão para ficarmos perdidas e paciência para encontrarmos o nosso caminho para o entendimento.

Há muitos anos atrás, eu me mudei de Houston para Dallas. Após viver treze anos em Houston, eu conseguia dirigir em suas ruas com facilidade. Eu não fazia ideia de como andar em Dallas, então usava um GPS para chegar a qualquer lugar que eu precisasse ir. Aquele era um sentimento maravilhoso — sem conhecer quase nada da cidade, eu podia mapear a rota para o meu destino instantaneamente. Nunca tive que me sentir perdida ou perder tempo vagueando em torno de caminhos errados.

Mas, após três anos, eu ainda não conhecia os caminhos de Dallas sem aquele GPS. Se a bateria acabasse ou se eu saísse de casa sem ele, estaria em uma grande enrascada. Depois disso, uma coisa estranha aconteceu: fiz uma viagem de volta à Houston. Em uma cidade que eu conhecia bem, descobri que meu GPS nem sempre pegava a rota que fazia mais sentido. Ele ainda falava com o mesmo tom de autoridade que usava em Dallas, mas eu poderia afirmar que ele estava escolhendo um caminho que não era o mais rápido.

Quando voltei para Dallas, sabia o que tinha que fazer: tinha que me permitir ficar perdida. Tive que perambular um pouco, planejar um tempo extra de passeio, perder algumas saídas e fazer retornos errados, a fim de aprender, por mim mesma, as rotas que meu GPS tinha me dado de bandeja. Adivinhe? Aprendi caminhos melhores.

Essa é a mesma lição que aprendi sobre a ajuda prontamente disponível dos comentários e Bíblias de estudo. Se eu não for cuidadosa, eles podem mascarar minha ignorância das Escrituras e me dar um falso senso de que conheço os caminhos em torno de suas páginas. Eu não preciso trabalhar duro para ter entendimento, porque quando encontrar uma passagem difícil, resolverei imediatamente o desconforto de me sentir perdida dando uma olhada nas anotações ou buscando um comentário para obter uma resposta. E ao dar ouvidos ao seu tom autoritário, posso me esquecer de quem eles realmente são: apenas palavras de homem — uma opinião instruída, proveitosa, mas não infalível.

Em resumo, se eu nunca me permitir ficar perdida, nunca permitirei que o processo de aprendizagem tome seu curso apropriado.

Se eu nunca lutar para interpretar por mim mesma, poderei aceitar qualquer interpretação que me derem. E esse é um caminho perigoso para dirigir.

Minha intenção não é questionar o valor de um comentário. Um comentário saudável é de valor inestimável para um estudante da Bíblia. Minha intenção é questionar o seu lugar no processo de aprendizagem. A menos que o consultemos *depois* de tentarmos compreender e interpretar por nós mesmas, teremos a tendência de ser totalmente condescendentes com seus raciocínios. O problema não está nas nossas Bíblias de estudo ou nos comentários; o problema está na nossa necessidade de gratificação instantânea e em nossa aversão a nos sentirmos perdidas. Os comentários possuem um lugar válido no processo de aprendizagem, conforme veremos no próximo capítulo. Mas esse lugar não é no início do processo, quando eles podem diminuir a nossa sensação de estar perdidas — uma sensação que, na verdade, é nossa amiga.

O EFEITO CUMULATIVO DO ESTUDO PACIENTE

Estudar com paciência exige de nós uma visão a longo prazo. Permitir-se ficar perdida em um texto significa que haverá dias em que o seu tempo de estudo talvez lhe deixe mais confusa do que você estava ao começar. Para aquelas que estão acostumadas a ter uma hora diária silenciosa que as inspire a começar o dia, permitir que a dúvida se prolongue e as force a um estudo mais profundo será difícil.

Talvez não encontremos uma aplicação pronta ao final de cada estudo, e poderíamos ser tentadas a pensar que o nosso tempo não foi proveitoso sem obtermos essa aplicação. Mas não poderíamos estar mais enganadas.

Durante anos, vi minha interação com a Bíblia como uma conta negativa: eu tinha uma necessidade, então ia para a Bíblia extrair uma resposta. Mas fazemos muito melhor se enxergarmos a nossa interação com a Bíblia como uma conta-poupança: eu aumento minha compreensão diariamente, deposito o que conseguir juntar e pacientemente espero para acumular, sabendo que um dia eu precisarei recorrer a ela. O estudo bíblico é um investimento com retorno a longo prazo. Em vez de ler um texto específico para tentar satisfazer uma necessidade imediata, se dê a permissão de guardar os benefícios do seu estudo para um uso futuro. E se uma passagem que você estiver lutando para entender hoje, de repente, fizer sentido quando você mais precisar, daqui a dez anos? Dizem que nós supervalorizamos aquilo que podemos realizar em um ano e menosprezamos aquilo que podemos realizar em dez. Você está disposta a investir dez anos esperando para ter entendimento? Você está disposta a esperar uma década para a aplicação de um estudo surgir? Sinta-se encorajada, porque você estará acumulando um tesouro, mesmo que você não perceba ou sinta isso a curto prazo.

Isso não significa dizer que não haverá benefícios para o seu estudo a curto prazo. Haverá. Meu filho não tem que colar grau em matemática avançada para começar a desfrutar os benefícios de ter dominado a matemática do oitavo ano. Mas a matemática do oitavo ano é um investimento a longo prazo em sua habilidade para alcançar níveis mais elevados de entendimento. Estudar o livro de Tiago talvez me mostre imediatamente os benefícios de estar pronta para ouvir, tardia para falar e tardia para me irar. Mas os anos seguintes, sem dúvida, escreverão essas lições de forma cada vez mais profunda em meu coração.

PACIÊNCIA COM AS CIRCUNSTÂNCIAS

Se eu fosse você, poderia começar a ficar um pouco irritada comigo agora. Talvez você possa estar pensando: "Eu adoraria ter paciência com o processo de aprendizagem, mas se não encontro tempo nem para *começar* um processo, como buscarei isso com paciência?" As mulheres não podem sempre confiar que a vida lhes dará oportunidades abundantes de estudar a Bíblia. Um trabalho novo, uma família nova, pais idosos que precisam de cuidado — uma grande quantidade de circunstâncias podem nos conduzir a um período no qual o tempo com nossa Bíblia acontece em momentos roubados, em intervalos irregulares.

Para mim, esses períodos às vezes duravam anos — sermões e áudios eram o meu salva-vidas. Participar de um grupo de estudo me ajudou a me manter em contato com a Bíblia, mas, em determinados meses, até mesmo isso era demais para assumir. Em alguns meses, o cuidado com a minha família parecia ocupar quase todo o tempo em que eu estava acordada. Não considero que esses meses tenham sido uma perda de tempo ou um retrocesso em meu crescimento. Eles foram períodos para exercitar a paciência, não com uma aprendizagem ativa das Escrituras, mas esperando no Senhor. Eles aprofundaram meu desejo de estudar. Alguns dos meus momentos mais frutíferos de ensinar e escrever livros aconteceram imediatamente após um período de espera como esses.

Se essa etapa da vida está dificultando que você separe um tempo regular para o estudo — mesmo com um grupo ou pelos seus esforços pessoais, por favor, ouça-me: está tudo bem. Dê ao Senhor aquilo que você pode dar e confie que ele honrará sua fidelidade nas pequenas coisas. Confie que o Senhor conhece suas circunstâncias melhor do que você, e que ele vê o seu desejo de aprender e crescer. E confie que esses momentos serão utilizados para o seu amadurecimento — para ensiná-la que é um privilégio ser capaz de se dedicar ao aprendizado e ao estudo, e para escrever de forma mais profunda em seu coração as verdades que você já aprendeu.

PACIÊNCIA E FRUTIFICAÇÃO

A primeira parábola que Jesus contou aos seus discípulos fala a respeito de paciência e de dar frutos. Se você tem frequentado a igreja, você provavelmente está mais familiarizada com isso. Jesus descreve um lavrador que sai para semear. A semente cai em vários lugares onde não pode crescer bem, mas, no final, algumas caem em solo fértil, onde produzem uma colheita miraculosa. Observe a interpretação que Jesus dá para esse momento de clímax da parábola: "A [semente] que caiu na boa terra são os que, tendo ouvido de bom e reto coração, retêm a palavra; estes frutificam com perseverança" (Lucas 8.15).

Quando meus filhos eram pequenos, eles amavam as histórias de *The Frog and Toad [O Sapo e a Rã]*, de Arnold Lobel. Em uma delas, a rã planta sementes para crescer em um jardim. E porque ela nunca havia feito jardinagem antes, observa com obsessão suas sementes brotarem assim que acaba de plantá-las, esperando que um jardim apareça instantaneamente. Ela toca violino para elas. Canta para elas. Lê histórias e poemas para elas. Após cada tentativa de ajudar no processo, ela grita: "Agora, sementes, comecem a crescer!" No devido tempo, de acordo com o seu próprio planejamento, elas simplesmente fazem isso.

Ao contrário da rã no conto de Lobel, o lavrador da parábola de Jesus não demonstra qualquer ansiedade em relação às suas sementes. Os filhos de Deus têm corações com solo fértil. Somos capazes de ouvir e receber a Palavra, e quando a paciência tiver feito o seu trabalho, seremos capazes de dar muito fruto. Seja paciente à medida que você praticar o estudo saudável. Permita que a semente da Palavra germine e cresça de acordo com o bom tempo de Deus, confiando que uma colheita miraculosa será produzida no devido tempo.

6

Estude com Processo

Cuida dos teus negócios lá fora, apronta a lavoura no campo e, depois, edifica a tua casa.

Pv. 24.27

Temos aprendido a desenvolver o conhecimento bíblico, estudando com *propósito, perspectiva e paciência*. Mas como em qualquer projeto, um bom *processo* também é necessário.

O processo que esboçarei aqui é diferente daquele que você poderia encontrar em um "pacote" normal de estudo. Muitos estudos pedem para que você leia uma porção das Escrituras e reflita, depois disso, eles oferecem pensamentos sobre a interpretação e a aplicação adequadas. O processo que desejo apresentar pede a você, estudante, que carregue o fardo não só de ler, mas de se *apropriar* do texto, e depois faça uma tentativa de interpretação e de aplicação por você mesma. Somente após ter feito isso é que esse processo a direcionará para olhar as opiniões e formação acadêmica dos outros para ajudá-la.

Sou uma pessoa, até certo ponto, criativa. Eu preferiria fazer um esboço à mão em vez de traçar um desenho metodicamente; gosto de tocar piano de ouvido mais do que ler música; gosto de costurar sem seguir um molde; gosto de plantar minhas flores aleatoriamente em vez de precisamente espaçadas e gosto de cozinhar sem medir nada. Então, você não ficará surpresa ao ver que os meus resultados nem sempre dão certo.

Meu marido, Jeff, por outro lado, é um mestre do processo. Ele vem de uma família de pessoas movidas por processos, que fazem as coisas da forma certa pela absoluta satisfação de fazê-las assim. Há uma maneira certa de fazer qualquer coisa que precise ser feita, a família Wilkin conhece essa maneira, e eles farão as coisas exatamente assim, não importa o quão difícil seja ou quanto tempo leve para fazer. Existe uma maneira adequada de dobrar as toalhas, de organizar a despensa, de podar os arbustos, de limpar um pincel. Apelidei carinhosamente isso de Maneira Wilkin. Eu venho de uma família inteira de pessoas que dobram as toalhas tortas e que prefeririam comprar outro pincel a ter que limpar um; descobrir a maneira Wilkin de fazer as coisas é algo ao mesmo tempo magnífico e incompreensível.

Vamos apenas dizer que os primeiros anos do meu casamento me ofereceram uma oportunidade para aprender e crescer.

Gosto de pensar que Jeff tem crescido em sua apreciação pelos acasos felizes e talentos inesperados com os quais tenho contribuído para as refeições, fantasias de Halloween e para o triunfo ocasional na jardinagem. Eu, com certeza, cresci em minha apreciação por honrar processos. Tenho observado que a maneira Wilkin resulta em móveis lindamente redecorados, cômodos meticulosamente pintados, deques perfeitamente trabalhados, gramados impecavelmente bem cuidados e churrascos que farão você salivar só de prová-los.

O mundo precisa tanto dos construtores que criam ao acaso quanto daqueles que são movidos por processos. Ambos contribuem com seus pontos fortes para o corpo de crentes. Mas a aquisição do conhecimento bíblico se aproxima mais de um projeto de construção do que de um projeto de arte. Se você estivesse construindo uma casa, você contrataria um construtor que observa os processos, não um que pense que as regras de construção são apenas "ótimas sugestões". Você desejaria um construtor que concordasse com a maneira Wilkin de pensar. E esse é o tipo de construtora que você e eu devemos nos tornar para desenvolvermos o conhecimento bíblico. Devemos ser aquelas que constroem sobre o fundamento da rocha sólida do processo de empenho mental, em vez de construírem sobre as areias da subjetividade da pergunta "O que este versículo significa para mim?"

Como devemos construir o nosso entendimento das Escrituras? Por meio de qual processo organizado? Uma boa construtora de conhecimento honra o processo de aprendizagem, passando por três etapas diferentes do entendimento: *compreensão, interpretação e aplicação*. Cada uma dessas três etapas busca responder uma pergunta específica a respeito do texto.

1 - A compreensão pergunta: "O que o texto diz?"

2 - A interpretação pergunta: "O que o texto significa?"

3 - A aplicação pergunta: "Como o texto pode me transformar?"

Nós, de fato, passamos por essas etapas intuitivamente em nossa vida cotidiana. Qualquer pessoa que acorda com um despertador de manhã passa da compreensão para a interpretação e, depois, para a aplicação:

• No sono profundo, nós nos tornamos cientes de um som. A princípio, o nosso cérebro pode ignorar esse som ou incorporá-lo a qualquer sonho que estejamos tendo. À medida que o som se repete, o nosso cérebro reconhece: "Meu despertador está tocando". *Compreendemos* o som. Não é o detector de fumaça, não é parte do sonho — é o nosso despertador.

• Uma vez que percebemos que estamos ouvindo o nosso despertador, nosso cérebro *interpreta* isso como: "São sete horas".

• Então, nós *aplicamos* aquilo que o nosso cérebro sonolento compreendeu e interpretou: "É hora de levantar e começar o meu dia".

Nesse simples exemplo do dia a dia, nós passamos da compreensão para a interpretação e da interpretação para a aplicação de forma tão rápida que provavelmente nem nos demos conta de que as duas primeiras etapas aconteceram. Com o estudo bíblico, cada etapa exige mais esforço deliberado e consideravelmente mais tempo. Observe também que cada etapa entrará em ação dentro da estrutura do propósito, da perspectiva e da paciência que já definimos.

- Precisaremos refletir sobre o *propósito* de nosso estudo, permitindo que as três etapas nos ajudem a colocar o nosso texto dentro da história principal.

- Precisaremos empregar a *perspectiva* de nossas cinco perguntas arqueológicas para nos ajudar na compreensão e interpretação.

- Precisaremos estimular a *paciência* sobre a qual discutimos nos capítulos anteriores, a fim de termos ajuda para resistir ao estímulo de correr direto para a aplicação.

Agora, consideremos como cada uma dessas três etapas funciona dentro do contexto do estudo da Bíblia como um processo organizado para desenvolver o conhecimento.

ETAPA 1:
COMPREENSÃO – "O QUE O TEXTO DIZ?"

A etapa da compreensão é provavelmente a mais negligenciada e mal compreendida pelas estudantes da Bíblia, principalmente porque assumimos que ler um texto e absorver o sentido de sua mensagem equivale a compreendê-lo. Por causa dessa concepção errônea, gastaremos o nosso tempo discutindo o que é compreensão e como ela é obtida. Se você tiver lido outros livros acerca do estudo bíblico, talvez você tenha ouvido que o primeiro passo no processo de aprendizagem é denominado de "observação", em vez de "compreensão". Eu acredito que *compreensão* assimila melhor aquilo que queremos concluir. A observação pode ser subjetiva — ela pode conotar uma leitura casual, da qual extraio detalhes ou pensamentos que pareçam importantes para mim à medida que leio. A compreensão, por outro lado, é mais objetiva. Ela busca intencionalmente descobrir o que o autor original *pretendia* me fazer observar ou perguntar.

Você se lembra da parte de compreensão de texto do vestibular? Lembra-se daqueles longos textos seguidos de perguntas para testar o seu conhecimento sobre aquilo que você havia acabado de ler? O objetivo daquelas perguntas era forçá-la a ler nas entrelinhas. É exatamente assim que devemos começar a estudar um texto. Perguntar a nós mesmas "o que o texto diz?" é um trabalho difícil e requer que nos alonguemos em nossa leitura. Uma pessoa que compreende a conta dos seis dias da criação, em Gênesis 1, pode lhe dizer especificamente o que aconteceu em cada dia. Esse primeiro passo de compreender o que o texto diz leva-nos a sermos capazes de interpretar e aplicar a história da criação em nossas vidas.

Um bom construtor utiliza boas ferramentas. Quais são as ferramentas que podemos usar para começarmos a desenvolver a compreensão de uma passagem? Gostaria de sugerir seis:

1. UMA CÓPIA IMPRESSA DO TEXTO

Se você olhasse todos os livros das minhas prateleiras, você não levaria muito tempo para descobrir quais deles são os mais amados. A lombada desgastada talvez fosse a sua primeira dica, mas uma folheada nas páginas logo revelaria meus favoritos: as margens estão cobertas de anotações à mão, os parágrafos favoritos estão destacados, as frases bonitas estão sublinhadas, as ideias das quais eu discordo são marcadas com um enorme 'x' e uma observação minha. Mas se você abrisse a minha Bíblia, veria as páginas branquinhas — sem qualquer anotação à mão. Por que eu não faço anotações no livro mais importante que possuo? Porque não há espaço suficiente para isso.

Você nunca marcará aquelas páginas de papel bem fino, com laterais douradas e letras pequenas de sua Bíblia da maneira que elas merecem ser marcadas. Quando você começar a estudar um texto, imprima uma cópia com espaço duplo e fonte tamanho 12. Imprima uma cópia que lhe dê espaço e liberdade para marcar palavras repetidas, frases ou ideias, e até para escrever "o que isto SIGNIFICA?????" com letras vermelhas gigantes na margem. Imprima uma cópia que lhe permita anotar o texto como um verdadeiro estudante faria. Vá em frente e se divirta com um ótimo conjunto de canetas coloridas e um novo marca-texto quando estiver fazendo isso. Falaremos mais sobre isso daqui a pouco.

Usar uma cópia impressa do texto para a etapa da compreensão também irá ajudá-la a resistir ao impulso de olhar as anotações de sua Bíblia de estudo. Fique à vontade para imprimir sua cópia com as referências cruzadas. Nós as usaremos.

2. LEITURA REPETIDA

Agora que você tem uma cópia que pode ser totalmente marcada, você está pronta para começar a ler o texto repetidas vezes. A lacuna histórica, cultural e linguística que existe entre a Bíblia e suas leitoras dos dias de hoje faz da leitura repetida uma ferramenta crucial em nossas tentativas de desenvolver a compreensão. Simplificando, nós provavelmente não entenderemos o que o autor tinha a intenção de transmitir fazendo uma única leitura. O primeiro passo na compreensão de um texto é lê-lo várias vezes do começo ao fim. Não esperaríamos ler uma única vez uma cena da peça de Shakespeare, *O Rei Lear*, e chegar a um entendimento claro sobre o que ela diz. Nem devemos esperar ser capazes de fazer isso com a Bíblia. Após termos nos munido com o contexto histórico e cultural (ao lermos o material introdutório em uma Bíblia de estudo e respondermos às cinco perguntas arqueológicas), começamos a leitura, tentando ouvir o texto com os ouvidos de seus ouvintes originais.

Quantas vezes devemos ler um texto? Tantas quantas forem necessárias. Para um livro menor da Bíblia, eu peço às mulheres do meu grupo de estudo para lerem o livro todo a cada semana antes de começarem a olhar para a passagem específica da qual estivermos tratando. Isso significa que elas podem ter lido o livro de Tiago, pelo menos, onze vezes até o final do estudo. Para livros maiores, ler o livro todo duas ou três vezes antes de incorporar as outras ferramentas de compreensão geralmente é suficiente. Seja sincera sobre o seu próprio nível de habilidade. Se você for novata na leitura de compreensão da Bíblia, talvez você precise fazer mais leituras iniciais do que alguém que já usa essa ferramenta há mais tempo.

A leitura repetida oferece dois principais benefícios à estudante: memorização das Escrituras e, além de tudo, uma familiaridade com o texto. Para aquelas de nós que não amam memorizar as Escrituras, a leitura repetida é uma excelente maneira de assimilar as palavras. Eu denomino isso de "método preguiçoso" de memorização das Escrituras. Mas é claro, ele não é nem um pouco preguiçoso — ele é intuitivo. A repetição é exatamente a primeira estratégia de aprendizagem que empregamos quando somos crianças; é assim que aprendemos a falar, a recitar o voto de lealdade à pátria e a citar as séries de nossos filmes favoritos. A leitura repetida nos ajuda a memorizar as Escrituras da melhor maneira possível — dentro de seu contexto original. Talvez não memorizemos uma passagem inteira, mas os versículos que começarem a ser fixados em nossa memória serão fixados como parte da compreensão mais abrangente que teremos do livro. Sempre que memorizamos um versículo sem saber o que vem antes ou depois dele, corremos um perigo muito real de aplicá-lo de forma errada.

Enfim, através da leitura repetida, ganhamos uma familiaridade geral com o texto. Quanto mais lermos um livro todo ou um texto extenso, mais ele nos revelará sua estrutura e temas gerais, capacitando-nos a empregar a próxima ferramenta de compreensão em nossa caixa de ferramentas: o esboço. Tenha em mente que lemos repetidas vezes no início de um estudo para obtermos uma percepção *geral* do texto — esse é o ponto de partida para a compreensão. A leitura repetida não exige que agonizemos acerca do significado do texto ou busquemos maneiras de aplicar a verdade. Ela simplesmente serve como uma introdução, assim como as primeiras três ou quatro conversas que temos com alguém que conhecemos há pouco tempo.

3. ANOTAÇÃO

Após sua primeira leitura geral, comece a marcar sua cópia do texto nas leituras seguintes, para ter uma ideia melhor do que ele diz.

• Existem determinadas palavras, expressões ou ideias repetidas? Use suas canetas coloridas para marcá-las de forma distinta em sua cópia impressa. Você pode desenvolver qualquer sistema de anotação que gostar — fazer círculos, retângulos, usar diferentes tipos de sublinhado ou ícones. Apenas seja consistente e faça aquilo que funcione de modo intuitivo para você.

• Existe um atributo específico de Deus sendo ilustrado? Escreva nas margens.

- O texto mostra vários argumentos em série? Enumere cada argumento conforme ele for introduzido no texto.
- Existem palavras que você não entende? Marque-as com um ponto de interrogação, para que você possa procurar uma definição para elas.
- Existem palavras-chave de conexão, tais como *se/então, portanto, semelhantemente, mas, porque* ou *da mesma forma*? Faça uma flecha para ligar uma conclusão ao seu argumento inicial.
- Há alguma ideia confusa? Escreva sua pergunta na margem para tratar dela mais tarde.

4. UM DICIONÁRIO DE PORTUGUÊS

Use um dicionário de português para procurar palavras desconhecidas ou mesmo palavras conhecidas que requeiram uma análise mais detalhada. Sim, isso mesmo — um simples e velho dicionário de português. Você conseguiria usar um léxico hebraico-grego? Você pode usá-lo se souber o que está fazendo. Muitas de nós não sabem, mas o dicionário de português pode ser de grande ajuda. Os tradutores da Bíblia escolhem as palavras com enorme cuidado. A nossa compreensão acerca daquilo que o texto está dizendo pode ser aumentada simplesmente pelo fato de buscarmos uma palavra difícil no dicionário. Uma das formas mais comuns de tentarmos correr com a etapa da compreensão é supor que entendemos as definições das palavras que estamos lendo. Poderíamos tirar um tempo para buscar a palavra *propiciação*, mas será que devemos também tirar tempo para buscar palavras mais familiares como *santo*, *santificar*, *honrar* ou *perseverança*? Ao nos alongarmos e considerarmos os significados das palavras-chave ou das palavras desconhecidas, caminhamos na direção da compreensão. Busque a palavra em questão e depois, com base no contexto, apresente uma definição que melhor se enquadre na forma que ela é usada no texto. Depois, anote essa definição na margem de sua cópia impressa.

5. OUTRAS TRADUÇÕES DA BÍBLIA

Ler uma passagem em mais de uma tradução pode aumentar a compreensão de seu significado. Se você costuma usar a versão da Bíblia Almeida Revista e Atualizada, comparar um versículo difícil com outra tradução tal como a NVI, a NTLH ou a Revista e Corrigida pode, às vezes, ajudar a esclarecer a confusão. É importante observar que há uma diferença entre tradução e paráfrase. As traduções são bem próximas da língua original. Elas preservam a pergunta "o que o texto diz?" do hebraico e do grego, à medida que essas línguas são traduzidas palavra por palavra ou pensamento por pensamento para o português. As paráfrases, como a *Nova Bíblia Viva* ou *A Mensagem*, tentam pegar a língua original e perguntar: "O que isto significa"? Elas interpretam. As paráfrases podem ser úteis, mas devem ser consideradas como comentários (a interpretação do homem para as palavras de Deus). É melhor consultar as paráfrases após o estudo cuidadoso de uma tradução real. Em virtude disso, nós as guardaremos para o nosso próximo passo do processo.

6. O ESBOÇO

Uma vez que você tenha lido todo o texto algumas vezes, feito anotações, buscado definições de palavras e comparado as traduções, você poderá começar a organizar aquilo que está lendo em um esboço. Quando tentamos fazer um esboço, reconhecemos que o autor original escreveu com um propósito em mente e tentamos identificar esse propósito.

Você não tem que ser uma estudiosa da Bíblia para escrever um esboço. Faça o seu melhor e depois compare as suas conclusões com aquilo que os estudiosos têm a dizer. Procure os pontos principais e os pontos secundários que os apoiam. Nem todos os livros da Bíblia podem ser cuidadosamente esboçados — às vezes, a cronologia de uma história é confusa ou um autor trata de um mesmo tópico em mais de uma passagem. O seu esboço não precisa ser exaustivo. O objetivo dele é ajudá-la a reconhecer a estrutura geral e o propósito do texto, e não de assimilar cada uma das ideias. Você também poderá revisar o seu esboço conforme progredir no estudo, e sua familiaridade com o texto aumentar. No final do meu estudo, eu geralmente olho para trás, para o meu resumo inicial, e vejo melhores maneiras de organizar o texto.

A leitura repetida, as anotações em uma cópia impressa do texto, a definição das palavras-chave, a comparação de traduções e o esboço podem nos ajudar com o primeiro passo crucial de compreender "o que o texto diz". O simples fato de compreender o que o texto diz é um alvo digno do tempo que você gasta em estudo. A compreensão adequada é o que possibilita uma interpretação adequada, levando a uma aplicação.

ETAPA 2:
INTERPRETAÇÃO — "O QUE O TEXTO SIGNIFICA?"

Enquanto a compreensão pergunta: "O que o texto diz?", a interpretação pergunta: "O que o texto significa"? Agora que fizemos o esforço de entender a estrutura, a linguagem e os detalhes do texto, estamos prontas para checar o seu significado. Uma pessoa que *compreende* a conta dos seis dias da criação, em Gênesis 1, pode lhe dizer especificamente o que aconteceu em cada dia. Uma pessoa que *interpreta* a história da criação pode lhe dizer por que Deus criou as coisas em uma determinada ordem ou de certa maneira. Ela está apta a deduzir coisas além do que o texto diz.

A maioria de nós confiamos nos sermões, nas anotações da Bíblia de estudo e nos comentários para nos ajudar com a interpretação. Isso é apropriado. Já discutimos a necessidade dessas coisas para nos ajudarem a responder às cinco perguntas arqueológicas. Deus dotou alguns de nós com conhecimento e discernimento únicos, e seríamos tolas se ignorássemos suas contribuições para o nosso estudo. Eles oferecem um serviço indispensável ao corpo de crentes. Mas devemos sempre lembrar que cada uma de nós, individualmente, é chamada para amar a Deus com a sua mente. Isso significa que é bom tentarmos arduamente fazer a interpretação por nós mesmas antes de lermos as interpretações de outros. E isso significa que devemos esperar para consultarmos comentários, Bíblias de estudo, áudios, blogs e paráfrases até que tenhamos nos esforçado ao máximo no trabalho de interpretação.

Portanto, antes de sermos ajudadas por esses suportes de estudo, duas ferramentas em particular nos ajudarão a formular a nossa própria interpretação.

1. REFERÊNCIAS CRUZADAS

As referências cruzadas são os versículos que aparecem em uma lista nas margens ou na parte inferior da página de sua Bíblia. Elas identificam ideias em comum entre as diferentes partes da Bíblia — temas semelhantes, palavras, acontecimentos ou pessoas. Talvez você já tenha ouvido a expressão: "Deixe que as Escrituras interpretem as Escrituras". Esse é o princípio mais básico de interpretação; a ideia de que a melhor forma de entender o que o texto bíblico está dizendo é olhar outras passagens da Bíblia que dizem as mesmas coisas ou coisas semelhantes. As referências cruzadas nos ajudam a honrar esse princípio básico e devem servir como ponto de partida para respondermos: "O que o texto significa?". Quando você encontrar uma passagem difícil de entender, busque primeiro as referências cruzadas para ver o que elas podem acrescentar à sua compreensão.

2. PARAFRASEAR

Parafrasear é a habilidade de escrever os pensamentos de outra pessoa com suas próprias palavras. De todas as ferramentas mencionadas até aqui, creio que parafrasear seja a mais difícil. Ela exige que andemos mais devagar e que usemos a paciência. Se acharmos que é fácil parafrasear, é porque provavelmente não estamos dando a essa habilidade a concentração que ela merece. Se investirmos nisso, cresceremos em nossa maturidade como estudantes.

Quando você se deparar com um versículo ou passagem difícil de entender, verifique o contexto, cheque quaisquer palavras complicadas no dicionário, veja as referências cruzadas e depois escreva a passagem com suas próprias palavras. Parafrasear o texto irá ajudá-la a se concentrar naquilo que está sendo dito. Mesmo que sua paráfrase não seja ótima, ela irá forçá-la a ler em busca de detalhes e sentido. Você não tem que compartilhar isso com ninguém — essa é uma ferramenta para o seu próprio uso. Uma vez que você consultar um comentário, poderá avaliar se sua paráfrase é terrível. Mas tudo bem. Ao forçá-la a lutar ao longo do texto, o exercício terá cumprido a sua função.

Após termos sinceramente tentado compreender e interpretar o texto por nós mesmas, estaremos preparadas para considerarmos as interpretações dos outros. Tentar interpretar o texto antes de consultar um comentário é vital, porque nem sempre dois comentários dizem a mesma coisa. Fazer o trabalho pessoal de compreender e interpretar nos ajuda a discernir quais comentários são confiáveis e qual interpretação se encaixa melhor no que o texto diz. Levará tempo para você ser capaz de reconhecer em quais autores e teólogos você pode confiar para ter uma interpretação atenta e confiável. Peça recomendações a um professor experiente ou ao seu pastor para começar a desenvolver uma biblioteca pessoal de comentários confiáveis. Quando você encontrar um comentário que você ama, pesquise as notas de rodapé dele para obter mais recursos que podem ser bons.

ETAPA 3:
APLICAÇÃO — "COMO O TEXTO DEVE ME TRANSFORMAR?"

Finalmente, chegamos à etapa do processo de aprendizagem no qual o nosso trabalho duro se traduz em ação. Depois de estabelecer o que o texto diz e o que ele significa, finalmente estamos na posição de perguntar como ele deve nos impactar. A aplicação pergunta: "Como esse texto deve me transformar?"

No capítulo 1, reconhecemos que a Bíblia é um livro a respeito de Deus. Quando aplicamos um texto, devemos nos lembrar, mais uma vez, que o conhecimento de Deus e o conhecimento do eu sempre andam de mãos dadas, que não há qualquer conhecimento verdadeiro do eu à parte do conhecimento de Deus. Compreendida a partir de uma perspectiva centrada em Deus, a pergunta "como esse texto deve me transformar?" é respondida por três subperguntas:

- O que essa passagem me ensina sobre Deus?
- Como esse aspecto do caráter de Deus transforma minha visão do eu?
- Como eu devo responder a isso?

Uma pessoa que *compreende* a conta dos seis dias da criação, em Gênesis 1, pode lhe dizer especificamente o que aconteceu em cada dia. Uma pessoa que *interpreta* a história da criação pode lhe dizer por que Deus criou as coisas em uma determinada ordem ou de certa maneira. Uma pessoa que *aplica* a história da criação pode lhe dizer que, porque Deus cria de maneira organizada, nós também devemos viver vidas bem organizadas (falaremos sobre isso mais tarde). O conhecimento de Deus, deduzido da compreensão do texto e da interpretação do seu significado, pode ser agora aplicado à vida de uma forma que desafie a estudante a ser diferente.

POR QUE O ESFORÇO DE ESTUDAR COM PROCESSO VALE A PENA?

Estudar com processo nos permite descobrir o caráter de Deus nas Escrituras, por meio de uma compreensão e interpretação cuidadosas. Isso, então, nos permite aplicar adequadamente as Escrituras à luz de quem Deus tem se revelado ser. O processo de compreensão, interpretação e aplicação parece difícil? No início pode ser, mas quanto mais você utilizá-lo, mais ele se tornará intuitivo. Esse é o processo para um projeto de construção organizado e de longo prazo, com benefícios cumulativos. Mesmo que você esteja passando por uma fase da vida que não lhe permitirá utilizar todas as ferramentas do processo de forma exaustiva, você poderá utilizá-las conforme o seu tempo permitir. Desenvolva-o devagar se precisar, mas desenvolva-o!

Ao buscar um processo organizado, você estará seguindo um padrão estabelecido pelo próprio Deus.

O Deus da Bíblia é um Deus de ordem. Na verdade, as primeiras e as últimas cenas registradas nas Escrituras nos mostram Deus organizando o cosmos. Gênesis, capítulos 1 a 3, nos mostra Deus organizando um jardim, pegando aquilo que era sem forma e vazio e dando-lhe forma e função em passos organizados, tornando-o uma habitação perfeitamente organizada para a sua presença. Apocalipse 21 mostra Deus reorganizando a desordem de um mundo caído, na forma de novos céus e nova terra, culminando na inauguração da Nova Jerusalém, uma morada perfeitamente organizada para a sua presença. Se você estiver familiarizada com o livro de Êxodo, você saberá que ele também contém uma história de criação organizada. Deus ordena que Israel crie um tabernáculo perfeitamente organizado, por meio de um processo ordenado, para que ele pudesse fixar residência dentro de suas paredes de cortinas. Página após página é dedicada a detalhar o processo de desenvolvimento dessa estrutura, e o resultado final é um lindo lugar no qual Deus e o homem podem ter comunhão. Ao contrário das histórias da criação e da Nova Jerusalém, nas quais Deus cria sozinho, Deus envolve os seres humanos na obra organizada de criar o tabernáculo. Ele os convida para entrar no processo. As histórias da construção do templo de Salomão, em 1 Reis, e da reconstrução de Jerusalém, com Esdras e Neemias, falam de outros momentos em que os humanos se tornam participantes no processo organizado e criativo de estabelecer ou restabelecer um lugar de comunhão com Deus. E sendo templos do Espírito Santo (1 Co 6.19-20), *você e eu somos chamadas para nos tornarmos participantes do processo* de criação e manutenção de um lugar lindo e organizado, dentro do nosso coração, onde o Senhor possa habitar. Uma das formas mais importantes de fazer isso é por meio do estudo bíblico.

O soberano Deus do universo, um dia, habitou conosco em um jardim perfeitamente organizado de sua própria criação. E um dia ele habitará conosco de novo em uma cidade perfeitamente organizada de sua criação. Mas nesse meio tempo, Deus nos concede oportunidades únicas de estarmos envolvidas em uma obra organizada de criar espaços onde o divino e o humano possam viver em comunhão. Estudar a Bíblia com um processo é um meio de fazer exatamente isso.

Podemos começar o trabalho de construção como construtoras bem desajeitadas, mas temos um Deus fiel, que é paciente com os seus trabalhadores e os equipa com tudo o que precisam para fazerem o trabalho que está à mão. Nós apenas temos que pedir por aquilo que precisamos. Com isso em mente, estamos prontas para considerar o último P do estudo bíblico saudável: estude com preces.

7

Estude com Preces

Se, porém, algum de vós necessita de sabedoria, peça-a a
Deus, que a todos dá liberalmente e nada lhes impropera; e ser-lhe-á
concedida.

Tg. 1.5

Frequentemente ouvimos que os melhores perfumes vêm nos menores frascos. Oro para que isso seja verdade em relação a este pequeno capítulo que você está para ler. Não deixe que a contagem das palavras a engane: embora mais espaço tenha sido dedicado aos quatro P's que vieram antes, este quinto e último *P* do estudo saudável não é menos importante. Na verdade, poderíamos argumentar que as *preces* são mais importantes que todos os outros. As preces são o meio pelo qual imploramos ao Espírito Santo para nos iluminar durante o nosso tempo de estudo. Sem orações, o nosso estudo não será nada além de uma atividade intelectual. Orar é um meio de termos comunhão com o Senhor. A oração é o que transforma o nosso estudo de uma busca por conhecimento para uma busca pelo próprio Deus.

Talvez você se familiarize com o acróstico CAPA como um lembrete dos elementos-chave da oração.

Confessar: confesse a Deus as suas falhas.

Adorar: glorifique a Deus por quem ele é e pelo o que ele tem feito.

Pedir: peça a Deus para perdoar os seus pecados e suprir as suas necessidades.

Agradecer: dê graças a Deus por quem ele é e pelo o que ele tem feito.

Consideremos como incorporar as preces em nossos esforços de estudo — antes, durante e depois de estudarmos — usando a palavra CAPA como nosso guia. É provável que você já tenha praticado uma oração cotidiana que envolva os elementos de CAPA. Seu tempo de estudo oferece uma oportunidade extra e única de adaptar suas orações especificamente ao ministério da Palavra.

Seu tempo de oração pode ser longo ou curto. Ele pode acontecer de forma alternada enquanto você estuda. Reconheça os benefícios de orar em todas as etapas do seu estudo, mas permita-se incorporar-lhe as preces com o tempo. Ore com um desejo sincero, não pelo sentimento de obrigação de "fazer as coisas da maneira certa". Se você não tem o desejo de orar, confesse isso ao Senhor e peça-lhe que aumente esse desejo em você à medida que estudar.

ORE ANTES DE ESTUDAR

Confessar: Reconheça as suas próprias inseguranças e fraquezas enquanto você estuda e exponha-as diante do Senhor. Confesse que você não consegue fazer isso e que isso parece muito difícil. Confesse qualquer pecado que possa impedir seu estudo (Orgulho? Impaciência? Distração?). Confesse sua falta de vontade de estudar.

Adorar: Comece adorando a Deus por nos dar a revelação de sua vontade e de seu caráter em sua Palavra. Se você estiver no meio da leitura de um livro, adore-o pelos atributos específicos que o seu estudo já lhe revelou. Se estiver no começo, adore-o por ser misericordioso e gracioso ao lhe garantir esse presente que é a Bíblia.

Pedir: Peça ao Senhor ouvidos para ouvir e olhos para ver à medida que você estudar. Peça-lhe que a ajude a guardar das distrações o tempo que você separou; peça-lhe que limpe sua mente de outras preocupações. Peça a Deus que lhe revele o caráter dele e o seu pecado. Peça-lhe que faça com que sua Palavra seja viva em você, a fim de que o conheça melhor e veja a sua própria necessidade de Deus mais claramente.

Agradecer: Agradeça por ele ter se revelado na Bíblia e por ter lhe dado a capacidade de conhecê-lo. Agradeça-lhe o tempo que você tem para estudar. Agradeça-lhe por Jesus Cristo.

ORE DURANTE O SEU ESTUDO

Confessar: Confesse quando você ficar frustrada com seu estudo.

Confesse se o achar chato. Diga-lhe o que você preferiria estar fazendo ou o que considera mais importante. Confesse se ficar irritada com aquilo que a passagem estiver pedindo de você ou lhe revelando.

Adorar: Ao longo do estudo, adore a Deus quando você fizer alguma associação sobre o caráter dele que você não havia entendido antes. Adore-o quando você observar que está começando a fazer as perguntas certas acerca do texto, por você mesma. Louve-o quando você perceber que está apreciando o seu estudo, sabendo que ele é a origem dessa alegria.

Pedir: Quando você se deparar com uma passagem difícil, peça ao Senhor que lhe conceda entendimento. Se sua mente estiver vagueando, peça ajuda para se manter concentrada. Se você ficar frustrada, peça-lhe que a ensine a ter paciência e humildade. Se você estiver com pressa, peça-lhe que a ajude a ir devagar. Se estiver cercada de interrupções, peça-lhe para lhe conceder algum período tranquilo ou para ajudá-la a entender que é hora de parar por aquele dia.

Agradecer: Agradeça ao Senhor quando ele trouxer à sua mente outras passagens das Escrituras que confirmem ou reforcem aquilo que você estiver aprendendo em seu estudo. Agradeça quando você receber uma correção do texto ou quando receber um exemplo para seguir. Agradeça pelos momentos em que o evangelho se revelar a você por meio do seu estudo.

ORE DEPOIS DO SEU ESTUDO

Confessar: Confesse qualquer pecado pessoal que tiver sido trazido à luz durante o seu tempo de estudo. Confesse sua tentação para aplicar a passagem ao pecado de outra pessoa em vez aplicá-lo ao seu. Confesse se você se permitiu ficar distraída enquanto estudava. Seu tempo de estudo aumentou sua percepção de que lhe falta entendimento? Você se apressou para terminar? Confesse isso também.

Adorar: Medite no aspecto do caráter de Deus que seu estudo estiver lhe revelando. A passagem mostrou que Deus é misericordioso? Paciente? Generoso? Irado? Santo? Adore a Deus por esse aspecto de quem ele é. Se for apropriado, recite em voz alta a passagem das Escrituras que exalta esse aspecto do caráter de Deus.

Pedir: Peça ao Senhor para ajudá-la a aplicar aquilo que você aprendeu. O fato de aprender que Deus é gracioso revelou sua própria falta de graça em relação a alguém? Peça ao Senhor para ajudá-la a viver aquilo que você aprendeu. Peça-lhe para trazer à sua mente aquilo que você estudou ao longo do dia e da semana. Se o seu tempo de estudo parece infrutífero, peça-lhe para ajudá-la a confiar que existe um fruto que você ainda não consegue ver. Peça-lhe para lhe dar o desejo de perseverar no processo de aprendizagem.

Agradecer: Agradeça ao Senhor por aquilo que ele está lhe ensinando. Agradeça-lhe pelo dom pessoal da percepção e pelos homens e mulheres que escreveram os comentários que você usa. Agradeça especificamente por uma verdade que ele lhe mostrou durante o seu estudo.

ISSO PARECE MUITA ORAÇÃO?

As sugestões de oração que lhe dei são exatamente isto: sugestões. Elas não representam nenhuma fórmula mágica, nem são uma
lista completa, nem devem acontecer em um tempo específico. Meu
alvo é desafiá-la a permanecer em espírito de oração do começo ao
fim do seu estudo. Aprender a Bíblia não é algo que acontece como
resultado do esforço humano somente. Assim como todos os outros
aspectos da nossa santificação, isso é resultado da obra do Espírito
Santo em nossos esforços e através deles.

A quantidade de tempo que você gasta e a profundidade que al-
cança na oração dependerão, em certa medida, do seu planejamento.
Certamente haverá dias em que você sussurrará: "Ajude-me Senhor!",
e seguirá em frente. Mas também haverá dias em que você provará
plenamente dos resultados da oração ao longo do seu estudo. O Espírito Santo tem sua maneira de falar por meio das Escrituras, quer
peçamos para ele fazer isso ou não. Quão melhor será se o convi-
darmos? Se o recebermos? Se celebrarmos a sua presença em nosso
estudo diário? Se a Palavra de Deus é verdadeiramente viva e ativa,
ela o é por causa das ministrações do Espírito Santo, por meio da obra
consumada de Cristo, através do decreto amoroso do Pai. As preces
suplicam a comunhão da trindade em seu tempo de estudo, uma comunhão doce e necessária para qualquer estudante da Palavra.

E ao contrário do tamanho deste capítulo, isso não é pouca coisa.

8

Juntando Tudo

De todo o coração te busquei; não me deixes fugir aos teus mandamentos. Guardo no coração as tuas palavras, para não pecar contra ti.

Sl. 119.10-11

Então, eis o que você tem: Cinco P's do estudo saudável, cinco ferramentas para ajudá-la a desenvolver o conhecimento bíblico e, por meio delas, crescer em seu amor pelo Deus que a Bíblia proclama. Eis uma breve revisão de cada *P* que resume aquilo que temos aprendido.

Estude com Propósito	Compreenda onde o seu texto se encaixa na história principal da criação, queda, redenção e consumação.
Estude com Perspectiva	Compreenda a "arqueologia" do seu texto (seu contexto histórico e cultural).
Estude com Paciência	Decida não se apressar; estabeleça uma expectativa realista para o seu ritmo de estudo, concentrando-se na questão a longo prazo.
Estude com Processo	Comece a ler metodicamente para fazer a compreensão, a interpretação e a aplicação.
Estude com Preces	Peça ao Pai para ajudá-la antes, durante e depois do seu tempo de estudo.

Agora que temos todo o método de estudo em vista, veremos através de um exemplo como você pode de fato utilizá-lo. Conforme mencionei quando os apresentei, a relação entre os cinco P's não é estritamente linear. Eles não são uma lista a ser verificada, mas um conjunto de práticas que se inter-relacionam e se sobrepõem. Nenhum exemplo sozinho apreenderá exatamente como o seu estudo pode progredir, mas este capítulo deve fazê-la começar na direção certa. Para efeito de nosso exemplo, assumiremos que a *paciência* e as *preces* serão necessárias ao longo de todo o nosso estudo. Concentraremos a nossa atenção em como estudar com *propósito, perspectiva* e *processo* usando o livro de Tiago.

Você observará, à medida que prosseguir neste exemplo, que cada passo não será dividido em tempos pré-determinados. Se você está acostumada com um guia de estudo ou um professor dividindo o processo de estudo em porções diárias ou semanais por você, poderá levar algum tempo para se acostumar com o fato de não ter uma estrutura como essa. Isso lhe dará liberdade para trabalhar em seu próprio ritmo. Você poderá avançar mais ou menos, conforme o seu tempo permitir. Você poderá levar três dias ou três semanas para ler o texto todo várias vezes, dependendo de quanto tempo tiver. Mais importante do que cumprir uma quantidade estabelecida de estudo é fazer um progresso constante na direção certa, usando uma abordagem que desenvolva o conhecimento.

Com isso em mente, passemos para como o seu estudo poderá progredir se você decidir aprender o livro de Tiago de acordo com o nosso método de estudo. Antes de começar, junte os seguintes itens:

- Uma cópia impressa do texto com espaço duplo e margens largas. Incluindo as nota de rodapé e as referências cruzadas.
- Uma caneta e um marca-texto.
- Um conjunto de canetas ou lápis coloridos para anotação.
- Um diário ou um fichário para manter todas as suas anotações em um mesmo lugar.

PASSO 1:
COMECE COM PROPÓSITO

Comece seu estudo considerando onde o livro de Tiago se encaixa na história principal da Bíblia. Que papel ele desempenha em contar a história da criação, queda, redenção e consumação? Como ele aponta para o reino e governo de Deus? A menos que você esteja estudando Gênesis ou Apocalipse, a princípio pode ser difícil saber exatamente onde o livro que você escolheu se encaixa na história principal. Mas tudo bem. Adquira uma ideia geral ao começar (consulte o material introdutório de sua Bíblia de estudo ou um comentário) e comprometa-se a manter essa pergunta em mente enquanto você continua o seu estudo.

129

Conforme você gastar tempo no texto, suas contribuições específicas para a história principal começarão a surgir com mais clareza. Ao final do estudo, você deverá ser capaz de destacar os temas da metanarrativa conforme eles aparecerem no texto. Tendo em vista o fato de o livro de Tiago ser um livro de sabedoria (como descobriremos abaixo), ele claramente lida com o tema da redenção, principalmente a santificação progressiva, embora outros elementos da metanarrativa também estejam presentes.

PASSO 2:
GANHE PERSPECTIVA SOBRE O LIVRO QUE VOCÊ ESTIVER ESTUDANDO

Usando uma Bíblia de estudo, um comentário ou ambos, responda às perguntas arqueológicas relativas ao livro de Tiago. Gaste tempo com isso para que quando começar a ler, você seja capaz de ouvir como a carta teria sido ouvida por seu público original. Em seu diário, escreva cada uma das perguntas arqueológicas e anote uma resposta curta para cada uma. Você poderá usar suas respostas como um ponto de referência quando estiver no passo 3. Suas respostas para as perguntas arqueológicas do livro de Tiago poderiam ser mais ou menos assim:

1. Quem escreveu este texto?	Tiago, o irmão de Jesus. Elevado a uma posição de proeminência na igreja de Jerusalém (Atos 15). Conhecido como "Tiago, o justo"; conhecido pela quantidade de tempo que gastava em oração. Morto em 62 DC — martirizado. Atirado do muro do templo, apedrejado e espancado até a morte.
2. Quando ele foi escrito?	Por volta de 49 DC, tornando-se o escrito mais antigo do Novo Testamento.
3. Para quem ele foi escrito?	Para os judeus cristãos que enfrentavam perseguição nos primórdios da igreja, por alguém familiarizado com os escritos e representações do Antigo Testamento.
4. Em qual estilo ele foi escrito?	Foi escrito como os Livros de Sabedoria do A.T. — Provérbios, Jó, Cantares de Salomão. Muitas exortações — 54 apelos diretos para a obediência. Seu tom é de autoridade, ordenando respeito.
5. Por que ele foi escrito?	Para mostrar como viver uma vida de piedade prática no cotidiano. Responde à pergunta: "O que é a fé genuína?"

Se você não estiver familiarizado com o gênero Livros de Sabedoria, você poderá fazer alguma leitura adicional para descobrir mais sobre isso. Se algum aspecto do cenário histórico lhe interessar, você poderá explorá-lo um pouco mais também. Quanto mais tempo você gastar "entrando na pele" dos ouvintes originais, mais facilidade você terá na compreensão, interpretação e aplicação do texto.

PASSO 3:
COMECE O PROCESSO DE COMPREENSÃO, INTERPRETAÇÃO E APLICAÇÃO

COMPREENSÃO: O QUE O TEXTO DIZ?

Usando sua cópia do texto com espaço duplo, leia Tiago do início ao fim, prestando atenção às notas de rodapé e fazendo anotações nas margens, resumindo as ideias principais. Lembre-se de manter em mente os ouvintes originais de Tiago enquanto você as resume. Quais os principais pensamentos que eles teriam da carta, com base no fato de estarem sendo perseguidos por sua fé?

Leia toda a carta mais algumas vezes, anotando as palavras, expressões ou ideias repetidas, conforme elas surgirem em sua compreensão. Leia a carta em outras duas traduções como parte de sua leitura repetida. À medida que você ficar mais familiarizada com o que o texto diz, comece a transferir suas afirmações resumidas para o seu diário, a fim de formar um esboço da carta. O esboço geral do livro de Tiago pode ficar mais ou menos assim:

Saudações (1.1).

Provações e tentações (1.2–18).

É bom para a nossa fé ser testada (1.2–12).

Não somos tentados por Deus, mas pelos nossos desejos (1.13–18).

Não apenas ouça a Palavra, pratique o que você ouve (1.19–27).

Não manifeste favoritismos (2.1–13).

A verdadeira fé sempre resulta em obras (2.14–26).

Vigie suas palavras (3.1–12).

Dois tipos de sabedoria (3.13–18).

Não ceda ao mundanismo (capítulo 4).

Não seja briguento (4.1–3).

Não tenha amizade com o mundo (4.4).

Não seja orgulhoso (4.5–10).

Não julguem uns aos outros (4.11–12).

Não se vanglorie (4.13–17).

Advertência contra a riqueza injusta (5.1–6).

Exortações finais (5.7–20).

Seja paciente no sofrimento (5.7–11).

Diga exatamente aquilo que quer dizer (5.12).

Ore com fé (5.13–18).

Restaure aqueles que se desviam da verdade (5.19–20).

Não fique angustiada ao fazer o esboço. Você sempre poderá voltar atrás e revisá-lo conforme seu estudo progredir. Uma vez que você tenha uma percepção daquilo que Tiago está dizendo de forma geral, comece a olhar para o que ele está dizendo de forma específica. Comece trabalhando ao longo das partes lógicas da carta, pedaço por pedaço.

Seu esboço identificou Tiago 1.1–18 como tendo as primeiras duas partes lógicas do livro: a saudação e a discussão sobre as provações e tentações. Olhe para essa parte do texto e marque os seguintes itens:

- O texto contém palavras, frases ou ideias repetidas?
- Ele menciona atributos de Deus (coisas que sejam verdade a respeito dele)?
- O texto faz vários argumentos em série? Enumere cada argumento conforme ele for introduzido no texto.
- Você se deparou com palavras que não compreende? Marque -as com um ponto de interrogação. Procure-as no dicionário e escreva uma definição ou um sinônimo para elas em sua cópia.
- A passagem inclui palavras-chave de transição, tais como *se/ então, portanto, semelhantemente, mas, porque* ou *da mesma forma*? Faça uma flecha para ligar uma conclusão ao seu argumento inicial.
- Há alguma ideia confusa? Escreva sua pergunta na margem para tratar dela mais tarde.

Tenha em mente que as anotações de cada estudante parecerão diferentes, eis como sua cópia de Tiago 1.1–18 poderia ficar após você tê-la marcado:

TIAGO 1.1-18 – ALMEIDA REVISTA E ATUALIZADA

SAUDAÇÃO

escravo *Deus tem autoridade*

1 Tiago, servo de Deus e do Senhor Jesus

Cristo, às doze tribos que se encontram

na Dispersão, saudações.

? –> Judeus dispersos pela Ásia menor

TESTE PARA A SUA FÉ

go encoraja
us leitores *Jesus diz isso em Mt 5.12*

2 Meus irmãos, tende por motivo de toda

zendo que
s provações   alegria o passardes por várias provações, 3
roduzem
aturidade   sabendo que a provação da vossa fé, uma

vez confirmada, produz perseverança. *–>Almeida RC: paciência*

P: Eu me alegro nas provações como deveria?

4 Ora, a perseverança deve ter ação completa,

para que sejais perfeitos e íntegros, em

nada deficientes.   *–> NVI: maduro + íntegro*

5 (Se,) porém, algum de vós necessita de sa-

Então

bedoria, peça-a a Deus, que a todos dá

s nos convida para pedir   *Deus é sábio e generoso*

liberalmente e nada lhes impropera; e ser-

lhe-á concedida. *As provações revelam a nossa*
necessidade de sabedoria. Deus a
dá a quem pede com fé

6 Peça-a, porém, com fé, em nada duvidan-

do; pois o que duvida é semelhante à onda

do mar, impelida e agitada pelo vento.

7 Não suponha esse homem que alcançará

do Senhor alguma coisa;

8 homem de ânimo dobre, inconstante em

P: Sou inconstante? (Tg. 3.13-18) Em quais áreas.

todos os seus caminhos.

9 O irmão, porém, de condição humilde glo-

Ricos ou rie-se na sua dignidade,

pobres, somos
frágeis e 10 e o rico, na sua insignificância, porque
transitórios
Diferente de nós, Deus é
ele passará como a flor da erva. *eterno (Ver Is 40.6-8*

11 Porque o sol se levanta com seu arden-

te calor, e a erva seca, e a sua flor cai, e

desaparece a formosura do seu aspecto;

assim também se murchará o rico em

seus caminhos.

12 Bem-aventurado o homem que suporta,

significa "feliz", mas aquele que tem a aprovação de Deus e a sua assistência

com perseverança, a provação; porque,

depois de ter sido aprovado, receberá a

eus não nos tenta.
Nós nos permitimos
coroa da vida, a qual o Senhor prometeu

er enganados e aos que o amam.

eduzidos
elo pecado 13 Ninguém, ao ser tentado, diga:

Gn 3.11-12
Adão diz isso
< Sou tentado por Deus; porque Deus não

pode ser tentado pelo mal e ele mesmo a

ninguém tenta.

Deus nunca é a fonte da tentação
Deus cumpre suas promessas

14 Ao contrário, cada um é tentado pela

sua própria cobiça, quando esta o atrai e

seduz.

15 Então, a cobiça, depois de haver concebi-

do, dá à luz o pecado; e o pecado, uma vez

Desejos errados -> tentações

Deus diz a verdade
consumado, gera a morte. *-> pecado -> morte*

16 Não vos enganeis, meus amados irmãos.

Fé -> provações -> perseverança -> maturidade

137

O mundo mente sobre o que é bom ou mau

17 Toda boa dádiva e todo dom perfeito são

Deus dá dons perfeitos

lá do alto, descendo do Pai das luzes, em

Deus é luz

O Salvador nos dá tudo o que é bom quem não pode existir variação ou som-

Deus não muda

bra de mudança.

18 Pois, segundo o seu querer, ele nos gerou

Lv 2.14-16

Qual é a ligação

pela palavra da verdade, para que fôs-

Cristo ——— *Deus nos gerou por sua própria vonta*

semos como que primícias das suas

criaturas. *P: O que eu acredito ser uma boa dádiva, mas não*

P: Qual provação eu tenho visto como algo ruim, ma

que no final me trará o dom da maturidade?

INTERPRETAÇÃO: O QUE O TEXTO SIGNIFICA?

Agora que você já leu o texto atentamente para obter compre-ensão, utilize as referências cruzadas, parafraseie e use comentários (nessa ordem) para ajudá-la a chegar a uma interpretação.

REFERÊNCIAS CRUZADAS

Procure as referências cruzadas listadas em sua Bíblia de cada versículo da parte que você estiver estudando (elas estão locali-zadas nas margens ou na parte inferior da página de sua Bíblia). Depois, observe como a referência cruzada dessa passagem enri-quece sua compreensão acerca do texto que você está estudando.

Por exemplo, algumas das referências cruzadas citadas para Tiago 1.2-3 na Bíblia *Almeida Revista e Atualizada* são Mateus 5.12 e 1 Pedro 1.6. Verifique cada referência cruzada e leia os versículos que as cercam, assim você poderá inseri-las em seu contexto. Observe quem está falando e para quem está se falando. Nesse caso, precisamos ler Mateus 5.11–12 (Jesus, o irmão de Tiago, dirigindo-se aos discípulos) e 1 Pedro 1.6–7 (Pedro se dirigindo aos crentes perseguidos) para entendermos plenamente a ligação de cada referência cruzada.

Tiago 1.2–3: Meus irmãos, tende por motivo de toda alegria o passardes por várias provações, sabendo que a provação da vossa fé, uma vez confirmada, produz perseverança.

Mateus 5.11–12: Bem-aventurados sois quando, por minha causa, vos injuriarem, e vos perseguirem, e, mentindo, disserem todo mal contra vós. Regozijai-vos e exultai, porque é grande o vosso galardão nos céus; pois assim perseguiram aos profetas que viveram antes de vós.

1 Pedro 1.6–7: Nisso exultais, embora, no presente, por breve tempo, se necessário, sejais contristados por várias provações, para que, uma vez confirmado o valor da vossa fé, muito mais preciosa do que o ouro perecível, mesmo apurado por fogo, redunde em louvor, glória e honra na revelação de Jesus Cristo.

Observe como as palavras de Jesus e de Pedro aumentam o nosso entendimento em relação às palavras de Tiago. As provações são, em última análise, uma bênção: elas nos concedem uma recompensa celestial, são relativamente breves, provam que a nossa fé é genuína e trazem glórias a Deus.

PARAFRASEAR

Lembre-se que parafrasear é apenas escrever um versículo ou uma passagem com as nossas próprias palavras para nos ajudar a raciocinar, a fim de entendermos o seu sentido. Parafrasear é útil principalmente quando um versículo parece obscuro ou confuso.

A exortação de Tiago em 1.2–3 "tende por motivo de toda alegria", à primeira vista, parece estar nos dizendo que as provações devem ser uma fonte de alegria para nós enquanto perseveramos nelas. Será que Tiago está dizendo àqueles que enfrentam uma dura perseguição que eles devem sorrir e se emocionar com isso?

Quando consultamos outras traduções, descobrimos que a NVI diz: "Considerem motivo de grande alegria" e a Revista e Atualizada diz: "Tende por motivo de toda alegria". Um dicionário de sinônimos nos ajudará ainda mais, mostrando que *considerar* e *ter por* podem ser sinônimos de *julgar* e *contar como*. As nossas referências cruzadas falam da ideia de perseguição como algo que resulta em uma recompensa futura. Combinando esses pontos de referência, você poderia parafrasear Tiago 1.2–3 assim: *Meus irmãos, quando vocês forem perseguidos, considerem isso como uma fonte de futura alegria, sabendo que quando sua fé é testada, vocês crescem em sua capacidade de perseverar.*

Sua paráfrase está precisa? Você saberá isso melhor quando começar a ler um comentário para ver se os estudiosos chegaram a uma conclusão parecida com a sua. De qualquer forma, você fez a sua parte, tentando interpretar por si mesma. Se você descobrir que sua paráfrase não está precisa, apenas volte atrás e anote "melhorar na compreensão" em seu diário ou em sua cópia do texto, como um pensamento a ser desenvolvido.

CONSULTANDO UM COMENTÁRIO

Tendo investido esforços para compreender por si mesma o que o texto diz e o que ele significa, agora você está pronta para considerar o que os outros têm a dizer. Você poderia achar útil passar do geral para o específico com os comentários. Comece com as anotações de sua Bíblia de estudo, depois leia comentários ou ensinos mais profundos para refinar o seu pensamento. Lembre-se de usar comentários de fontes confiáveis. Procure por concordâncias e discordâncias entre os comentários. Quando eles discordarem entre si, pergunte-se qual interpretação se enquadra melhor com aquilo que você mesma deduziu dos seus esforços de estudo.

APLICAÇÃO: "COMO ESTE TEXTO DEVE ME TRANSFORMAR"?

Uma vez que você tenha feito o trabalho da compreensão e da interpretação, você estará pronta para considerar como aplicar aquilo que você tem aprendido. Relembre que a pergunta: "Como este texto deve me transformar?" é respondida por três subperguntas:

• O que esta passagem me ensina sobre Deus?
• Como este aspecto do caráter de Deus transforma minha visão do eu?
• O que devo fazer em resposta a isso?

Voltando atrás em suas anotações de Tiago 1.1–18, agora você está pronta para tomar aquilo que você observou a respeito do caráter de Deus e extrair uma aplicação. O nosso exemplo mostra diversas verdades acerca de Deus que foram anotadas na margem. Transfira essas anotações para o seu diário, escrevendo para cada uma das anotações, uma visão correspondente do eu e uma reação.

1. *Visão de Deus:* Deus (Jesus) tem autoridade (1.1).

Visão do Eu: eu não tenho autoridade sobre a minha vida ou circunstâncias.

Reação: Como posso me submeter melhor a Jesus como Senhor? Em que área da minha vida estou tentando ter o controle?

2. *Visão de Deus:* Deus tem sabedoria.

Ele a dá generosamente quando pedimos (1.5).

Visão do Eu: eu tenho falta de sabedoria. Eu ajo com base em minha própria sabedoria, em vez de pedir uma sabedoria piedosa a ele.

Reação: Em que áreas da minha vida eu mais preciso da sabedoria piedosa neste momento? Eu tenho pedido por isso?

Nós podemos e devemos extrair outros pontos de aplicação do texto, mas devemos nos lembrar de que as perguntas centradas em Deus devem sempre ser o nosso ponto de partida. Elas nunca devem ser uma consideração posterior. Os exemplos de outros pontos de aplicação que podem surgir de sua consideração inicial acerca do caráter de Deus em Tiago 1.1–18 incluem:

- Tiago, que chamava Jesus de "irmão" durante sua vida, inicia sua carta chamando Jesus de "Senhor" e "Cristo". Eu demonstro respeito a Jesus como Senhor e Cristo ou penso nele de forma muito informal?
- Deus dá sabedoria (1.5) e todo dom perfeito (1.16). Tenho pedido por sabedoria? Tenho agradecido a Deus pelos bons dons que ele tem me dado?

Suas perguntas de aplicação podem servir de base para uma oração de encerramento. Ou, se você estiver se reunindo com outras mulheres, essas perguntas podem servir de base para o seu período de discussão.

TODO EXEMPLO TEM SEUS LIMITES

Confissão: eu escolhi o livro de Tiago como exemplo porque ele pode facilmente demonstrar como o método de estudo funciona. Tiago está completamente cheio de todos os tipos de coisas que você pode anotar, é razoavelmente simples de interpretar e fácil de aplicar. E não é muito extenso. Nem todos os livros são tão acessíveis assim. Tenha em mente que se você estiver estudando um livro extenso, suas anotações sobre o texto podem ser menos frequentes do que aquelas em nosso exemplo de Tiago. As palavras ou ideias repetidas podem levar mais tempo para serem localizadas. A compreensão talvez consista em dizer novamente os pontos principais de uma ampla narrativa histórica. A interpretação pode consistir de algumas tentativas destemidas, que acabam errando o alvo devido à falta de informações anteriores. Os personagens podem se comportar de formas inexplicáveis; os autores podem abranger temas confusos ou aparentemente tolos; a linguagem e as representações podem ser confusas. E esqueça a tentativa de pronunciar os nomes das pessoas.

Se você se frustrar ou sentir-se empacada, lembre-se de que seu trabalho como estudante é continuar avançando com as ferramentas disponíveis. Em momentos diferentes, em livros diferentes, você utilizará cada uma das diferentes habilidades de estudo, com vários graus de eficácia. Mas use-as continuamente. Lute continuamente para ter o seu próprio contato pessoal com o texto antes de olhar outros recursos em busca de ajuda. Tiago a exortaria a continuar pedindo por sabedoria, confiando que a receberá do Senhor, lembrando que seus esforços são a longo prazo. Perseverança é algo verdadeiramente maravilhoso no estudante.

ALGUNS PENSAMENTOS FINAIS SOBRE O ESTUDO PESSOAL COM OS CINCO P's

Então você terminou. Você caminhou pelo texto como uma estudante metódica. Talvez a sua agenda não lhe tenha permitido ter um contato diário com o seu estudo ou, talvez, em alguns dias você tenha tido menos tempo do que em outros, mas você usou o seu tempo disponível para honrar os Cinco P's. Você me permite lançar um *P* extra para sua consideração? Se, enfim, isso for possível, compartilhe seus esforços de estudo com outras *pessoas*.

Conforme sugeri anteriormente, reunir-se com outros para discutir suas descobertas no estudo pessoal aumentará grandemente os benefícios do trabalho que você realizou. O estudo bíblico com certeza acontece em um nível pessoal, mas dentro de uma comunidade, ele toma uma dimensão e uma responsabilidade que de outra forma não aconteceria. Estudar com uma colega ou um grupo a ajudará a continuar avançando, e irá guardá-la de mover-se na direção de interpretações e aplicações que possam desonrar o texto. Se você estiver em um lugar ou em uma fase da vida que torne difícil reunir-se em grupo, o estudo pessoal definitivamente a levará na direção do conhecimento bíblico. Mas se tudo isso for possível, reúna outras pessoas para estudar com você. Seu grupo se tornará um instrumento para discussão, confissão, arrependimento, encorajamento e edificação mútua. Você terá a garantia de que não é a única a achar que estudar é desafiador, e irá compartilhar a alegria da descoberta e da compreensão.

Assim como um grupo pode servir como um ponto de referência para mantê-la no caminho certo com o seu estudo, a pregação e o ensino também podem. Esses dons do corpo de crentes estão mais acessíveis hoje do que jamais estiveram. Quer o fato de se reunir com um grupo seja possível para você ou não, tire vantagem da riqueza do ensino saudável disponível a você por meio dos recursos online. Se você não sabe a quem ouvir, pergunte ao seu pastor por alguém cujo ensino tem sido uma ajuda pessoal para ele. Compare aquilo que você está aprendendo por si mesma com o ensino de professores confiáveis. Apenas se lembre de usar esses recursos depois de haver empregado os Cinco P's em seu estudo pessoal. A pregação e o ensino adquirem uma dimensão bem maior e realizam muito mais quando vamos a eles já impregnadas com o texto que eles expõem.

É verdade que estudantes ávidas geralmente se tornam professoras ávidas. Foi isso o que aconteceu comigo. Eu estava tão empolgada por compartilhar a riqueza da compreensão que estava desvendando, que passei rapidamente de estudante a professora. Obviamente, não deixei de ser uma estudante — de muitas maneiras, o fato de começar a ensinar foi um instrumento para me manter responsável por estudar. O fato de saber que outras pessoas dependiam de eu estar preparada e de saber que o Senhor leva a sério o papel do professor (Tiago 3.1) pressionou-me a ser uma estudante bem melhor do que eu jamais poderia ter sido por mim mesma.

Uma coisa é ser uma estudante cuidadosa, usando os Cinco P's para nortear o seu estudo, outra coisa é ser uma professora cuidadosa, guiando as suas alunas para aprenderem e implementarem os Cinco P's. Se você é professora, eu lhe oferecerei alguma ajuda no próximo capítulo.

9

Auxílio para Professoras

Procura apresentar-te a Deus aprovado, como obreiro que não

tem de que se envergonhar, que maneja bem a palavra da verdade.

2 Tm. 2.15

Sou horrível como membro de pequenos grupos. Se você já foi treinada para liderar um pequeno grupo, espero que tenham lhe oferecido este inestimável conselho: nunca faça contato visual com o membro do grupo que quer sequestrar a discussão. Seu grupo está contando com você. Se você olhar para ela enquanto faz a pergunta seguinte da discussão, será o fim do jogo.

Eu sou aquela para quem você nunca olha. Ou, pelo menos, eu costumava ser. O momento do pequeno grupo era um pesadelo para mim e para todas em meu grupo. Eu aparecia a cada semana com meu caderno de tarefas marcado com perguntas adicionais e observações que eu havia descoberto durante o meu estudo pessoal. O período de discussão nunca era longo o suficiente para mim. Eu não via a hora de acabar o momento "Alegrias e Preocupações", para que pudéssemos nos aprofundar na lição. (*Eu não conheço o seu primo de segundo grau que é carteiro. Já podemos falar sobre Romanos?*). Eu estava constantemente pensando em como eu faria a pergunta de forma diferente; que referência cruzada eu destacaria; como eu ensinaria uma determinada ideia. Eu sentava na beira da cadeira, inclinada, esperando pelo momento em que pudesse inserir minha observação ou descoberta na conversa.

Lembro-me de um dia em que ofereci uma interpretação diferente para a passagem que o autor de nosso estudo havia abrangido. Eu não fazia ideia de que o silêncio poderia ser tão sonoro. Ou tão longo. De forma geral, os pequenos grupos de mulheres são lugares onde o consenso é valorizado. Isso é estabelecido no jardim da infância. O que, afinal, havia de errado comigo?

Peço desculpas a todas as minhas líderes de pequenos grupos. Se eu fosse vocês, teria desejado me bater na testa. E, à líder que me chamou ao lado e disse: "Sabe, acho que você pode ter o dom do ensino", eu agradeço do fundo de meu coração. Obrigada por reconhecer algo que eu não conseguia ver em mim mesma.

Talvez você se identifique com minha experiência. Talvez a sua líder de pequeno grupo evite o contato visual. Talvez você conheça aquela sensação de estar prestes a explodir com todos em seu pequeno grupo e já se perguntou se é apenas uma mascote sabichona da professora, com um grave problema de orgulho. Ou talvez você tenha um cônjuge ou alguém que está aguentando pacientemente a sua descarga semanal (diária?) de cada coisinha que você aprende durante o seu tempo de estudo pessoal. É importante você se fazer a pergunta sobre o orgulho, mas também é importante considerar a questão do ensino — principalmente se os outros têm observado evidências do dom de ensino em você.

Talvez a razão de você ser um péssimo membro de grupo seja porque você está equipada para ensinar.

Espero que você esteja. Creio que a igreja precisa desesperadamente de professoras bem equipadas; mulheres que lidarão com as Escrituras com cuidado e diligência, e que têm um coração para o conhecimento bíblico. É importante que mulheres ensinem mulheres, e que elas o façam com excelência. Creio que isso seja importante por três razões.

POR QUE AS MULHERES PRECISAM DE PROFESSORAS MULHERES?

Em primeiro lugar, precisamos do *exemplo* de professoras mulheres. Quando uma mulher vê alguém que se parece com ela e que dá a impressão de ensinar a Bíblia com paixão e inteligência, ela começa a reconhecer que também pode amar a Deus com sua mente — quem sabe, além daquilo que ela pensa ser necessário ou possível. Se eu tivesse ouvido somente homens ensinando bem a Bíblia, não sei se teria me considerado capaz de fazer o mesmo. Felizmente, Deus me deu mulheres diligentes e inteligentes para servirem de exemplo do que significa abrir a Palavra com reverência e habilidade.

Em segundo lugar, precisamos da *perspectiva* das professoras mulheres. Uma professora mulher será naturalmente propensa a fazer aplicações e a dar exemplos que sejam reconhecidos por outras mulheres e que sejam acessíveis a elas. Pense: poucas analogias com futebol e filmes de ação, e mais analogias com programas sobre decoração e comédias românticas; menos coisas sobre o vício da pornografia ou abdicação das responsabilidades, e mais coisas sobre questões de autoimagem ou pecados da língua. Uma professora mulher também extrairá verdades diferentes das que um homem poderia extrair de um texto. Isso não quer dizer que ela feminizará um texto (uma armadilha sobre a qual discutiremos mais tarde), mas que ela enfatizará aqueles elementos do texto que destacam o papel das mulheres na história da redenção ou que falará de questões relacionadas aos pecados que as mulheres geralmente enfrentam.

Em terceiro, precisamos da *autoridade* das professoras mulheres. Uma mulher pode dizer a outras mulheres para parar de idolatrar seu cônjuge e filhos, de uma maneira que um homem não consegue fazer. Uma mulher pode se dirigir a outras mulheres nas questões de vaidade, orgulho, submissão e contentamento de um jeito que um homem não pode. As professoras mulheres possuem uma autoridade empática sobre suas estudantes femininas; nós temos a habilidade de dizer:

"Eu entendo os pecados e temores que afligem o sexo feminino, e lhe recomendo o conselho suficiente das Escrituras".

Então, por todos os meios, pergunte a si mesma se o Senhor a está chamando para ensinar. A igreja precisa de mulheres ensinando mulheres. E se a resposta for "sim", reúna um grupo e comece a ensinar. Mas faça isso com cuidado. O livro de Tiago nos adverte a não entrarmos na área de ensino de forma leviana, mas a considerarmos o fato de que aqueles que ensinam serão julgados com maior rigor (Tiago 3.1).

O que seria assumir o papel do ensino de forma leviana? Creio que isso acontece quando confundimos ensinar com falar em público. Mas essas coisas não são a mesma coisa. Às vezes, a igreja é lenta para discernir a diferença entre uma oradora talentosa e uma professora talentosa. A oradora e a professora dependem de conjuntos de ferramentas diferentes e têm objetivos diferentes em vista. A oradora depende da retórica, de narrativas e de humor para inspirar e exortar. A professora depende do conhecimento, da percepção e da capacidade de condensar aquilo que é complexo em algo simples, a fim de treinar e instruir. A oradora faz fãs, a professora faz discípulos.

Desempenhamos o papel de professora de forma leviana quando elevamos as ferramentas de uma oradora acima das de uma professora. Amo humor e contar histórias mais do que qualquer pessoa. Eu tenho usado isso neste livro. Mas a professora deve se perguntar constantemente se ela está confiando nas ferramentas da oradora ao ponto de o conteúdo desaparecer, ficando em segundo plano. Se as pessoas se lembrarem de minhas histórias e piadas, mas não se lembrarem da minha lição, eu errei o alvo. O ideal é que uma professora talentosa também seja uma oradora talentosa. Mas se eu tiver que escolher entre uma das duas coisas, escolho a professora. A professora lutará pelo conhecimento bíblico.

Então, como nós, sendo professoras cuidadosas, podemos pegar os Cinco P's e treinar outras para amá-los e usá-los em seu estudo? Como podemos elaborar lições que honrem a abordagem que temos esboçado? Fazer isso exigirá que nos preparemos com diligência, estruturemos com sabedoria e ensinemos com responsabilidade.

PREPARE COM DILIGÊNCIA

É evidente que para ensinar os Cinco P's você deve primeiro utilizá-los por si mesma. Acredite ou não, a professora é mais fiel às suas alunas quando ela as ensina de acordo com sua própria falta de compreensão. Sempre acreditei que as professoras ensinavam porque sabiam mais que os seus alunos. Não acredito mais que esse seja o caso. Eu ensino por causa daquilo que não sei. Percebo que as perguntas que me ocorrem à medida que leio uma passagem são provavelmente as mesmas que outras pessoas também estão fazendo. A diferença entre mim e as outras, entre a professora e a aluna, é que eu não consigo deixar essas perguntas sem respostas nas margens. Quando muito, a professora não é aquela com mais conhecimento, mas sim com uma maior curiosidade natural para persistir nas perguntas com as quais todas nos deparamos. Devido ao fato de estar conectada, ela é a pessoa mais preparada para cavar por entendimento se comparada a suas colegas. Seu entusiasmo pela descoberta se torna contagioso no meio de suas alunas.

Então, eu ensino a aprender. O fato de saber que minhas alunas precisam que eu aprenda bem me ajuda a me preparar cuidadosamente. O preparo cuidadoso começa quando ponho os Cinco P's em prática e, na hora certa, destilo as partes mais importantes do meu próprio tempo de estudo para as minhas alunas. A fim de fazer isso, uma professora deve se entregar à prática de consultar comentários somente depois de tentar fazer a compreensão, a interpretação e a aplicação por si mesma. Então, ela deve escolher bem seus comentários. Leva tempo para saber quais autores são mais confiáveis. Uma vez que você os encontrar, eles terão a tendência de se tornar suas estrelas-guia. Sou conhecida por escolher um livro da Bíblia para estudar baseada no fato de meu autor preferido ter escrito um comentário sobre ele.

Quando você começar a desenvolver uma lista de comentários ou autores de confiança, peça ajuda a outros: seu pastor, outra professora que pense de forma semelhante, um professor de seminário. Uma vez que encontrar um autor excelente, leia as suas fontes. Siga as notas de rodapé para ver quem moldou o pensamento de seu autor. Depois, leia também aquilo que essas pessoas escreveram. As notas de rodapé são uma mina de ouro para encontrar recursos adicionais para consulta. Conforme temos observado, nem todos os comentários dirão a mesma coisa. Quando você perceber conflito entre as suas fontes confiáveis, procure onde estão os pontos de maior consenso e pese essa interpretação em contraste com a sua própria compreensão do texto. Você terá que decidir se ensinará a interpretação mais comum ou aquela com a qual você mais se alinha. Se não for causar confusão, considere ambas. Admita a sua posição para as suas alunas. Depois, diga-lhes que você está com a minoria e apresente fielmente a visão que prevalece. Mas esteja certa de tratar disso com o rigor e a imparcialidade que isso merece.

À medida que se preparar, lembre-se de documentar suas fontes em suas anotações. Isso a ajudará a localizar de onde veio uma ideia, caso alguém lhe faça uma pergunta sobre essa ideia ou você mesma precise revê-la. Eu apenas escrevo o sobrenome do autor e o número da página, entre parênteses, ao lado do pensamento que desejo ser capaz de localizar novamente.

Preparação cuidadosa exige um compromisso de muitas horas. A quantidade de tempo que você gasta ensinando, na verdade, é uma fração do tempo que você gasta preparando o estudo. O seu trabalho é absorver uma grande quantidade de informação e depois destilar os seus elementos mais importantes para as suas alunas. Imagine-se como uma organizadora profissional colocando em ordem um armário superlotado. Você organizará pilhas de informações, decidindo o que precisa ser mantido e onde deve ser mantido, arranjando e etiquetando-as de forma que uma estudante consiga encontrá-las e utilizá-las facilmente.

ESTRUTURE COM SABEDORIA

A professora não só organiza a informação de modo que esteja acessível, mas também organiza a forma como ela será entregue. A forma como você escolhe estruturar o seu estudo influenciará na quantidade de material que você conseguirá cobrir e no quanto conseguirá se aprofundar no texto. Haverá tarefa para casa? Você usará o tempo da reunião para oração ou discussão, ou apenas para o ensino? A estrutura do seu estudo determinará o seu foco.

O estudo que eu lidero envolve ao todo duas horas de discussão em grupos menores, adoração e ensino. Nosso grupo é grande, por essa razão, ele exige mais estrutura do que um grupo que se reúne em casa. Em um ambiente familiar, o ensino poderia ser misturado com discussões, e a necessidade de um planejamento poderia ser mais flexível.

Muitos estudos para mulheres dedicam uma porção considerável do tempo juntas aos elementos que contribuem para o desenvolvimento de relacionamentos, como compartilhar pedidos de oração e perguntas de quebra-gelo. Esses são elementos necessários, mas também são aqueles que têm maior probabilidade de devorar o tempo de discussão e ensino. Se as mulheres do seu grupo tiverem outras oportunidades para se relacionarem (como um grupo de comunhão ou escola dominical), considere a possibilidade de limitar esses elementos durante o período da reunião. Falo com franqueza às alunas participantes do meu estudo que queremos muito que elas se relacionem, mas que o nosso alvo principal é que elas cresçam em seu conhecimento de Deus e em seu amor por ele. Separamos um tempo para discussão das tarefas de casa em grupos menores. Não somos muito rígidas com isso — apenas mantemos o nosso foco principal nisso. Os pedidos de oração são escritos em notinhas e enviados por e-mail para o grupo. Se houver uma necessidade específica, oramos juntas por isso durante esse período. Para desenvolver os relacionamentos, as líderes geralmente reúnem seus grupos para uma refeição em outro momento que não seja a reunião de estudo. E encorajamos as mulheres a ficarem um pouco mais de tempo após o ensino para baterem papo.

PENSAMENTOS SOBRE A TAREFA DE CASA

Se você for nova na área do ensino, talvez você deseje fazer um programa de estudo escrito. Você pode começar simplesmente pedindo às mulheres de seu grupo que leiam o texto várias vezes e façam anotações. Você poderia enviar por e-mail uma lista de três ou quatro perguntas de interpretação e aplicação para que elas considerem antes da reunião. Eu descobri que, pelo menos, alguma tarefa semanal é necessária para que aproveitem ao máximo o tempo que vocês gastarão juntas. Quer você apenas peça que as mulheres leiam o texto repetidamente ou designe perguntas a elas, faça o seu melhor para que elas retenham os comentários até o período de discussão e ensino. Estruture sua tarefa e seu ensino de tal maneira que honrem o processo de aprendizagem.

Eu escrevo um programa para cada estudo que dou. A cada semana, as mulheres leem uma parte do texto e respondem às perguntas sobre ele. As perguntas baseiam-se, em sua maioria, na compreensão, com algumas perguntas de interpretação e aplicação em intervalos regulares. A tarefa pede que elas parafraseiem o texto, procurem palavras no dicionário, chequem as referências cruzadas e leiam o texto em traduções alternadas. Meu objetivo com a tarefa é que minhas alunas venham para o estudo bíblico após ter gastado tempo absorvendo cuidadosamente o que o texto diz (compreensão). Durante o estudo, usamos o período de ensino e discussão para explorarmos juntas aquilo que o texto significa (interpretação) e como ele deve nos desafiar a sermos diferentes (aplicação). Na verdade, minha intenção é que a tarefa levante tantas perguntas quanto for possível respondê-las através do texto, a fim de levar as mulheres ao reconhecimento daquilo que elas não sabem. Depois, eu permito que haja um tempo de discussão e ensino para resolver os conflitos que a tarefa tiver criado.

As perguntas da tarefa contêm pouquíssimos comentários da minha parte; não forneço muitas explicações ou significados de palavras, a menos que seja absolutamente necessário. Isso ajuda as alunas a desenvolverem a habilidade de questionar por elas mesmas e de aprender a não temerem a parte do "não sei" do processo de aprendizagem. Discutimos as perguntas de interpretação e aplicação da tarefa durante o período de reunião em grupos menores e/ou durante o ensino. Cada tarefa semanal é concluída com uma reflexão sobre qual aspecto do caráter de Deus tem sido revelado no texto, e como a compreensão desse aspecto de seu caráter transforma a nossa forma de pensar e agir.

Fazer tarefas eficazes exige que a professora pense como aluna. Quando você começar a prepará-lo, leia todo o texto e anote nas margens as perguntas que você naturalmente teria depois de lê-lo. Suas alunas provavelmente terão as mesmas perguntas. Lembre-se que as perguntas que parecem óbvias para você talvez sejam realmente necessárias para as suas alunas. Pedir a elas para definir palavras, contar palavras ou expressões repetidas ou reiterar conceitos básicos ajudará a treiná-las para começar a adotar essas práticas sem a ajuda de um programa. Isso as ajuda a aprender a estudar melhor por si mesmas.

Tenha também em mente a importância de fazer perguntas difíceis, aquelas que você talvez tenha medo de fazer até a si mesma. Essas são as perguntas que tentam você a dizer: "Eu vou apenas confiar isso ao Senhor e seguirei em frente." Se o texto abordar um pai vendendo sua filha como escrava, pergunte na tarefa de suas alunas como um mandamento desse poderia vir de um Deus bom e amoroso.

Se o texto descrever Jesus aconselhando você a cortar sua mão para evitar o pecado, pergunte às alunas se Jesus está ordenando a auto-mutilação. Se você sabe que uma passagem é geralmente usada fora do contexto, desafie o seu mau uso: "Será que Filipenses 4.13 está querendo dizer que podemos fazer qualquer coisa que tivermos em mente? Por que sim ou por que não? Você consegue pensar em outra passagem que apoie a sua resposta?".

Garanta às suas alunas que, mesmo que elas não consigam chegar a uma resposta adequada, reconhecer uma pergunta difícil e tentar respondê-la faz parte do processo de alcançar compreensão. Evitar as perguntas difíceis só alimenta a dúvida e o temor a longo prazo. Suas alunas ficarão tranquilas ao saber que é seguro fazer perguntas difíceis, e que pessoas inteligentes têm pensado arduamente sobre elas por mais de dois milênios.

Escrever um programa de estudo é um trabalho difícil. Se possível, peça ajuda a uma amiga para receber sugestões e críticas. Peça-lhe para trabalhar na tarefa e fornecer a você um retorno sobre quais perguntas ajudaram e quais foram confusas ou inúteis. Uma pergunta que faça perfeito sentido para você talvez precise ser reformulada para fazer sentido para outros.

Esboçar bem um estudo requer que a professora passe pelo método de estudo dos Cinco P's perguntando quais partes seriam difíceis para alguém que está só aprendendo a utilizá-lo. As minhas alunas irão prestar atenção para esta palavra-chave? Elas perceberão uma ideia repetida? Será que elas tomarão uma afirmação que exige uma observação mais detalhada pelo que ela aparenta significar? Será que elas serão tentadas a correr com o estudo? Onde elas estarão propensas a empacar?

Ser capaz de localizar as respostas dessas e de outras perguntas semelhantes requer que nos lembremos continuamente como o texto nos parecia ser à primeira vez que o encontramos. Uma vez que nos tornamos familiarizadas com um texto, podemos esquecer as perguntas e dificuldades que ele nos apresentou anteriormente. As boas professoras são capazes de perceber o texto com os olhos de suas alunas. Por essa razão, eu começo fazendo um programa de estudo antes de explorar exaustivamente uma passagem. Isso me permite fazer as perguntas que ocorrem com mais naturalidade, extrair as observações mais básicas antes que elas se tornem potencialmente obscurecidas por um coro de comentaristas. Depois de ter estudado um pouco, eu refino e desenvolvo melhor as perguntas que escrevi.

É aqui que minha abordagem difere das outras. Eu não tenho a intenção de que a tarefa ensine por si só. Minha intenção é que a tarefa ajude principalmente na compreensão e no início do processo de interpretação e aplicação pessoal. Estritamente falando, ensinar é comentar. Meu objetivo com a tarefa é que ela prepare os corações e as mentes das minhas alunas para o período de ensino. Se elas tiverem feito o trabalho da tentativa pessoal de compreender, interpretar e aplicar anteriormente, elas ouvirão o meu ensino com um ouvido muito mais perceptivo — tanto em relação aos pontos fortes como em relação às falhas. Elas saberão quando eu lidei com um texto de forma responsável, porque terão investido tempo lutando com ele antes de chegarem ao grupo de estudo. Existe um alto nível de responsabilidade nisso, mas eu aceito o desafio.

Lembre-se, você não tem que criar o seu próprio programa de estudo. Você pode utilizar um programa existente que honre o processo de aprendizagem, ao oferecer o mínimo de comentários possível e enfatizar a compreensão, ou você pode pedir às suas alunas para simplesmente lerem o texto várias vezes como preparação. Não deixe que a intimidação para desenvolver seu próprio material a impeça de ensinar. Nem toda professora escreve seu próprio programa, mas toda professora pode levar suas alunas a um aprofundamento maior na Palavra, utilizando algum tipo de tarefa para dar início ao processo de aprendizagem.

ENSINE COM RESPONSABILIDADE

Ensinar uma passagem para quem já a estudou exige muito mais do que ensiná-la àquelas que não a estudaram. Minha esperança é que a tarefa desafie o pensamento delas o suficiente para que, no momento em que me ouvirem ensinar, elas não tomem apenas a minha palavra. Saber que elas pensarão de modo crítico em relação ao meu ensino me faz ter a responsabilidade de evitar sete armadilhas comuns do ensino.

1. PULAR PARA LÁ E PARA CÁ

Alguma vez você já se sentou para ouvir um ensino sobre um texto-chave, só para ouvir a professora ler a passagem rapidamente antes de gastar quarenta minutos pulando de passagem em passagem por toda a Bíblia? Uma aluna que tiver gastado a semana analisando um capítulo de Efésios não ficará satisfeita se a professora usar o texto-chave simplesmente como um pontapé inicial. Ela desejará se alongar mais nele, como deveria. Ela terá descoberto que o texto em questão é digno de quarenta minutos do tempo do grupo, sem distrações, e que esses quarenta minutos talvez não sejam suficientes para resolver as questões acerca daquele único texto.

Um bom ensino envolverá necessariamente o uso das referências cruzadas, mas não em detrimento do texto principal. Nós, professoras, somos propensas a divagar, particularmente quando o nosso texto principal é um texto difícil. A professora que se esforça para desenvolver o conhecimento bíblico precisa saber parar naquele texto. Seu objetivo primordial não é mostrar como o texto-chave se relaciona com milhares de outras passagens, mas ensinar o texto-chave de modo tão detalhado que ele venha automaticamente à mente de suas alunas quando elas encontrarem temas semelhantes em outras passagens em seus estudos.

2. FEMINIZAR O TEXTO

As mulheres que ensinam a Bíblia para mulheres enfrentam constantemente a tentação de tomar um texto e revesti-lo com um significado exclusivo para o sexo feminino. Toda vez que tomamos uma passagem que tem como objetivo ensinar *pessoas* e a ensinamos como se ela fosse voltada especificamente para *mulheres*, corremos o risco de feminizar o texto.

Isso não significa que não podemos extrair aplicações específicas para um gênero de um texto que fala a ambos os gêneros. Mas sim que temos que nos guardar de dar interpretações e aplicações que roubem do texto sua intenção original, ao concentrar-nos exclusivamente no enquadramento de um gênero específico. O livro de Rute não é um livro sobre mulheres, para mulheres; do mesmo modo que o livro de Judas não é um livro sobre homens, para homens. A Bíblia é um livro sobre Deus, escrito para pessoas. É claro que você ensinará o Salmo 139 no que diz respeito às mulheres e à imagem corporal, mas resista ao impulso de ensinar exclusivamente isso. Não é trabalho da professora tornar a Bíblia relevante ou palatável para as mulheres. Seu trabalho é ensinar o texto de modo responsável. Em virtude de seu gênero, uma professora mulher traz, às vezes, uma perspectiva do texto diferente da de um professor homem, mas nem sempre é assim. Uma estudante que gastou tempo no texto antes de ouvir o ensino sobre ele saberá quando o texto estiver sendo feminizado.

3. EXTRAPOLAÇÃO EXAGERADA

No intuito de "trazer o texto à vida", as professoras às vezes sucumbem à tentação de acrescentar um pouco de cor ao redor das bordas da tela das Escrituras. Admito que é interessante especular a respeito dos pensamentos e motivações não registrados de Maria, a mãe de Jesus. Isso talvez seja benéfico até certo ponto. Mas em algum momento, isso deixará de ser útil e passará a ser distração, e potencialmente extrabíblico.

Se você já assistiu uma adaptação cinematográfica de uma história bíblica conhecida, você entenderá essa questão — quanto mais instruída acerca do que a Bíblia realmente diz sobre o Êxodo, por exemplo, menos você será capaz de apreciar a extrapolação do texto feita por Cecil B. DeMille, um produtor de cinema norte-americano. Imaginar além do que o texto diz traz um grande apelo ao público, mas um apelo limitado para um estudante. A familiaridade com um texto antes de ouvi-lo ser ensinado torna o participante de uma plateia em um estudante. Uma estudante que passou a semana imersa no texto que você está ensinando perceberá quando você "sair do roteiro".

4. EXCESSIVA DEPENDÊNCIA DE NARRAÇÃO DE HISTÓRIAS OU HUMOR

A fim de serem acessíveis e carismáticas, as professoras empregam a narração de histórias e o humor como artifícios de retórica. Isso não é errado. O humor e a narração de histórias humanizam a professora, ajudam as ouvintes a se manterem engajadas e tornam os pontos do ensino memorizáveis. Não é bom que a professora seja inacessível, chata ou fácil de ser esquecida. Mas também não é bom que a professora se torne superdependente do humor e das narrações, ou as utilize de forma a manipular a lição ou a causar distrações. Se essas coisas não reforçarem o ensino, elas acabarão comprometendo-o.

Se alguém dividisse o seu ensino em um gráfico com o formato de pizza, quantos pedaços dessa pizza seriam tomados por esses dois elementos? Se você pedisse às suas alunas para dizerem algo que elas se lembram de sua lição, será que elas se lembrariam de um ponto-chave ou de uma história engraçada? Plateias amam humor e histórias, quer essas coisas apoiem a mensagem ou não. As estudantes amam quando um conteúdo saudável se torna mais fácil de ser memorizado por meio de uma ilustração ou de uma história bem colocada. Uma estudante bem preparada saberá se sua professora está usando esses artifícios de retórica para tapar buracos ou para reforçar o ensino.

5. CEDER ÀS EMOÇÕES

Quando leio as Escrituras em voz alta para o público, geralmente choro. Não sei bem por que, com exceção de quando acho as verdades do texto profundamente comoventes. Isso costumava me deixar frustrada, mas o Senhor está me mostrando que ensinar a Bíblia deve envolver as emoções. Ou seja, ensinar a Bíblia deve despertar tanto na professora quanto na aluna um amor mais profundo por Deus, um amor que afete profundamente nossas emoções. Amar a Deus com a nossa mente deve resultar em amar a Deus com o nosso coração de forma profunda e pura.

Nós entramos em apuros quando alvejamos intencionalmente as emoções das pessoas com o propósito de criar uma experiência compartilhada. É tentador elaborar uma lição que comece com uma piada e termine com uma história que arranque lágrimas. Por quê? Porque essa é uma fórmula retórica que funciona. Às vezes, as ouvintes confundem o fato de serem tocadas pelo Espírito Santo com o fato de serem manipuladas por uma mensagem humana bem elaborada. Como podemos saber qual é a diferença? Isso nem sempre é fácil, mas eis uma reflexão: a manipuladora emocional aumentará o *amor que você sente por ela* tanto quanto ou mais do que o *amor que você sente por Deus*. O trabalho da professora é chamar a atenção para a beleza do texto, e não criar uma experiência comovente. Seu trabalho é exaltar o Deus da Bíblia, e não desenvolver um culto à personalidade. Uma estudante bem preparada será menos suscetível à manipulação emocional.

6. SOBRECARGA DE ENSINO

Um dos maiores desafios na elaboração de uma lição é saber qual conteúdo incluir nela e qual deixar de fora. Leva tempo para desenvolver uma percepção de quanto conteúdo você conseguirá tratar de forma razoável durante o seu período de ensino. No início, a maioria das professoras comete o erro de exagerar no conteúdo. Isso pode levá-la a ficar atolada em um mar de anotações ou a segurar suas alunas por mais tempo do que pretendia. A maioria das pessoas não gosta de beber de uma mangueira de incêndio, então, embora não haja problemas em ter mais anotações do que você conseguiria ensinar, é importante que você tenha um plano de contingência sobre o que poderá cortar, caso o tempo seja curto.

Mais uma vez, a professora cujas alunas já gastaram tempo no texto-chave possui uma vantagem. O trabalho que elas já investiram na compreensão deixará você livre para explorar a interpretação e a aplicação sem que seja necessário lançar uma base extensa. Você estará ampliando e reforçando a compreensão delas, em vez de começar do zero. Uma estudante bem preparada não precisará de um tempo de ensino exagerado.

7. BANCAR A ESPECIALISTA

Ninguém gosta de se sentir inapto, muito menos uma professora. E por causa disso, as professoras às vezes são relutantes para admitir os limites de seu conhecimento. Seja honesta em relação às suas limitações; não há nada de errado com o fato de uma professora dizer: "Eu não sei". Na verdade, isso pode ser tranquilizador para as suas alunas. Haja com transparência total quando mais de uma interpretação for amplamente aceita para uma passagem. Dê uma resposta sincera, que reconheça os diferentes pontos de vista. Isso dará às suas alunas uma oportunidade de examinar qual ponto de vista se encaixa melhor com a leitura que elas mesmas fizeram do texto. Uma estudante bem preparada saberá que uma passagem difícil exige cuidado.

Ela saberá quando você estiver dando uma resposta simplista para um assunto complexo. É bem melhor ser honesta sobre a sua confiança (ou falta dela) em uma interpretação específica.

O melhor de ensinar às mulheres um texto que elas já estudaram anteriormente é que isso torna a professora responsável em não "fugir dele". A estudante equipada poderá reconhecer uma preparação superficial por parte da professora. Exigir mais das minhas alunas antes do ensino significa que elas podem e devem exigir mais de mim durante o ensino.

POR QUE ENSINAR COM OS CINCO P's É LIBERTADOR?

Embora ensinar seja um trabalho difícil, usar um método como os Cinco P´s torna essa carga consideravelmente mais leve. A beleza de usar os Cinco P´s está no fato de que isso livra a professora de ter que decidir sobre quais temas tratar. Sua lição será determinada pelo conteúdo da passagem em questão. Tenho um grande conforto em saber que o texto introduzirá aquilo que for necessário, quando for necessário, em um contexto que exibirá isso da melhor forma. Tudo o que tenho a fazer é ensinar o próximo versículo. Ensinar um tópico exige que eu desenvolva esboços elaborados, ligando os pontos entre muitas passagens. Ensinar com os Cinco P´s permite que o texto seja o meu esboço.

Concordo com Tiago: poucos devem assumir o ensino. Moldar o entendimento de alguém em relação às coisas de Deus é uma responsabilidade enorme, e isso não deve ser feito de forma leviana. Não há lugar para a mentalidade "finja ser isso até conseguir ser isso" entre aquelas que gostariam de ensinar. Aquelas que levam o seu papel a sério gastarão horas se preparando para ensinar por quarenta minutos; e passarão horas meditando sobre o que mais poderiam ter dito; o que mais poderiam ter explicado e qual ilustração deveriam ter usado. Quando uma mulher jovem me diz: "Eu quero ensinar como você", sempre penso: "Eu devo ter feito isso parecer muito fácil". O ensino, assim como outros chamados, com certeza não é fácil, mas se o Senhor a equipou para fazer isso, você pode confiar que ele a suprirá com os recursos necessários.

Conclusão

Busque a Face de Deus

Ao meu coração me ocorre: Buscai a minha presença; buscarei,
pois, SENHOR, a tua presença.

Sl. 27.8

Alguém me perguntou recentemente, após saber que eu era uma professora da Bíblia, se eu era uma adoradora de Deus ou uma adoradora da Bíblia. A pergunta não veio como uma completa surpresa. Quando você gasta tanto tempo como eu, pedindo às pessoas para valorizarem suas Bíblias, alguém será compelido a perguntar se você perdeu de vista o que é importante em prol do que é secundário. Minha resposta foi simples: quero ser conformada à imagem de Deus. Como posso me conformar à imagem de alguém a quem nunca contemplo? Não sou uma adoradora da Bíblia, mas não posso ser uma verdadeira adoradora de Deus sem amar a Bíblia de forma profunda e reverente. Caso contrário, estarei adorando a um deus desconhecido.

Um adorador da Bíblia ama um objeto. Um adorador de Deus

ama uma pessoa. Podemos amar a Bíblia com a nossa mente, mas não podemos amá-la com o nosso coração mais do que amamos um carro ou um cappuccino. Um objeto não pode receber ou retribuir amor. Só uma pessoa pode fazer isso. Portanto, se você leu este livro em um esforço para amar mais a Bíblia, quero parabenizá-la e adverti-la ao mesmo tempo. Por favor, ame realmente a Deus com a sua mente por meio do estudo fiel da sua Palavra, mas, por favor, não atribua suas afeições a qualquer outra coisa que seja inferior à pessoa do próprio Deus. O nosso estudo da Bíblia só será benéfico à medida que ele aumentar o nosso amor pelo Deus que ela proclama. O estudo bíblico é um meio para um fim, não um fim em si mesmo e por causa de si mesmo. Ele é um meio de amarmos mais a Deus e de vivermos de modo diferente, por termos aprendido a contemplá-lo melhor. E ele é um meio de nos tornarmos aquilo que contemplamos. O amor recíproco de Deus é um amor que transforma.

Em João 13, Jesus diz aos seus discípulos que a influência deles será reconhecida. Ele diz que o mundo os conhecerá por uma razão distinta: se eles tiverem amor uns pelos outros. O seu amor pelos outros é o transbordar do seu amor por Deus. O seu amor por Deus aumentará à medida que você aprender a conhecê-lo melhor. Mas nunca perca de vista que sua influência será notada pela forma como você usa o seu coração, não a sua cabeça. Conhecimento bíblico que não transforma é como correr atrás do vento. Os cristãos serão conhecidos pelo seu amor, não pelo conhecimento.

Nós não seremos conhecidas por qualquer tipo de amor — seremos conhecidas pelo tipo de amor que o Pai nos mostrou, e que, por sua vez, nós mostramos aos outros.

NÓS NOS TORNAMOS AQUILO QUE CONTEMPLAMOS

Quando eu estava no oitavo ano, queria ser exatamente como minha amiga Meg. Meg tinha um cabelo loiro brilhante em um corte chanel perfeito. Ela tinha roupas invejáveis. Era engraçada, inteligente e popular. Ela ouvia músicas legais e carregava a bolsa certa. Tinha boa aparência e um bronzeado cor de mel. Ela sabia coisas sobre maquiagem. Era quase a perfeição em pessoa.

Então eu fiz o que muitas meninas do ensino fundamental faziam: fiz um corte de cabelo chanel. Eu percorria os cabides de liquidação, à procura de roupas iguais as da Meg pelas quais eu pudesse pagar com o meu salário de babá. Eu mudei minha maneira de falar e o meu gosto musical para ficarem iguais aos dela. Tentei até mesmo aprender a caminhar com os mesmos passos largos que ela andava. Estudei tudo o que tornava Meg maravilhosa e então tentei imitá-la nos mínimos detalhes. Não importava o fato de eu ser quinze centímetros mais alta do que ela, ter a pele pálida e sardenta e ser tão cheia de curvas quanto um menino de dez anos. Eu fiz um estudo profundo sobre ela e tudo o que estava ao meu alcance para me conformar à imagem dela.

Eu sempre penso sobre esse período da minha vida, tanto pelo que fiz de errado, como pelo que fiz de certo. Na verdade, eu era muito boa em reconhecer o que nos fazia imitar alguém bem— prestar atenção cuidadosamente aos seus atributos. Eu até estava certa em querer imitar a perfeição. Mas estava errada em pensar que poderia encontrá-la em outro ser humano.

Nós humanos somos imitadores. Desde o tempo em que somos bebês, temos imitado os outros ao nosso redor. Às vezes, imitamos ativamente, assim como quando eu tentava ser a Meg. Outras vezes, imitamos de forma passiva, como quando percebemos tardiamente que estamos nos transformando em nossa mãe. Será que fomos projetadas dessa maneira por alguma razão? Será que essa propensão para imitar é, na verdade, intencionada para o nosso bem?

Efésios 5.1 nos diz para sermos "imitadores de Deus, como filhos amados". Filhos que sabem que são afetuosamente amados imitam seus pais com jubilosa adoração. Eles *querem* ser como eles. E é dessa maneira que somos chamadas para imitarmos o nosso Deus perfeito: não com um desejo escravizador do ensino fundamental, de nos tornarmos melhores ou diferentes do que somos, mas com um reconhecimento jubiloso de que ele é amável e completamente digno de ser imitado.

Mas saiba disto: nós não o imitaremos por acaso. Nós certamente nos tornaremos como nossas mães sem sequer tentarmos fazer isso, mas não acordaremos daqui a dez anos e descobriremos que adquirimos passivamente o caráter de Deus.

IMITAÇÃO ATIVA

A imitação de Deus acontece da mesma forma que acontecia no ensino fundamental, só que desta vez nós temos um objeto muito mais digno. Assim como eu fiz um estudo da minha amiga, devemos fazer um estudo do nosso Deus: o que ele ama, o que ele odeia, como ele fala e age. Não podemos imitar um Deus cujos hábitos e características jamais aprendemos. Devemos fazer um estudo sobre ele se quisermos nos tornar como ele. Devemos buscar a sua face.

Existem muitas razões boas para investirmos na aprendizagem da Palavra de Deus, mas nenhuma melhor do que esta: que com todo esforço com *propósito*, com cada leitura ligada à *perspectiva*, cada passo *paciente* que damos à frente, cada tentativa organizada pelo *processo*, cada *prece* feita nos intervalos das páginas das Escrituras, nós nos aproximamos do semblante de Deus e nos alinhamos mais diretamente com o resplendor da sua face. Nós o vemos da forma como ele é, o que com certeza é uma recompensa por si só, mas é também uma recompensa com o benefício secundário de sermos eternamente transformadas por essa visão.

Nós nos tornamos aquilo que contemplamos. Você crê nisso? Quer seja de forma passiva ou ativa, somos conformadas ao modelo que gastarmos mais tempo estudando.

Sobre o que você fixa o seu olhar? Sobre a sua conta bancária? Sobre a balança que está no seu banheiro? Sobre o próximo elogio que o seu filho irá receber? Sobre a cozinha dos seus sonhos? Sobre a última série de TV? Sobre o seu telefone? Essa é a natureza desta vida, contra a qual devemos lutar diariamente para criarmos espaço em nosso campo de visão para aquilo que transcende. Muitas coisas reivindicam a nossa atenção de forma legítima, mas quando os nossos olhos estão livres do filho de dois anos, ou da planilha, ou do livro escolar, ou da louça do jantar, para onde nós os voltamos? Se gastarmos o nosso tempo contemplando apenas as coisas inferiores, nós nos tornaremos como elas, medindo os nossos anos nos termos da glória humana.

Mas eis a boa notícia: aquele a quem mais precisamos contemplar se fez conhecido. Ele traçou com mão precisa as linhas e os contornos do seu rosto. Ele fez isso em sua Palavra. Devemos buscar esse rosto, embora os bebês continuem chorando; as contas continuem aumentando; as más notícias continuem chegando sem avisar; embora as amizades aumentem ou diminuam; embora a facilidade e a dificuldade enfraqueçam o nosso controle sobre a piedade; embora milhares de outros rostos se amontoem perto de nós querendo o nosso afeto, e milhares de outras vozes clamem por nossa atenção. Ao fixarmos o nosso olhar nesse rosto, trocamos a mera glória humana pela santidade: "Contemplando a glória do Senhor, somos transformados, de glória em glória, na sua própria imagem" (2 Co 3.18).

Há, de fato, somente duas possibilidades nesta vida: sermos conformadas à imagem de Deus ou conformadas ao padrão deste mundo. Sem dúvidas, você desejará o primeiro. Mas esteja ciente: a Palavra é viva e ativa. Ela a conformará dividindo-a. E por meio dessa divisão, que é o milagre dos milagres, ela a tornará completa. Nós nos tornamos aquilo que contemplamos. Não sei quanto a você, eu tenho muito "tornar-se" para fazer. Existe uma vastidão entre aquilo que sou e aquilo que devo ser, mas essa é uma vastidão capaz de ser transposta pela misericórdia e graça daquele cuja face é a que eu mais necessito contemplar. Ao contemplarmos a Deus, tornamo-nos como ele.

Por essa razão, faça um estudo fiel daquele a quem você deseja imitar, como filha amada. Estude tudo o que torna Deus maravilhoso e imite essas coisas para o deleite do seu coração, como uma expressão jubilosa do seu amor recíproco por ele. Responda como Davi: "Buscarei, pois, SENHOR, a tua presença'" (Sl 27.8). O Senhor se agrada em levantar o seu rosto sobre aquele que o busca, agora e para sempre. Estude bem os contornos do rosto de Deus. Deixe que a contemplação de sua beleza toque sua mente e coração. E seja transformada.

Recursos Recomendados

• **Ajuda para Desenvolver um Método de Estudo Confiável**

Robert H. Stein. A Basic Guide to Interpreting the Bible: Playing by the Rules, traduzido para o português como Guia Básico para Interpretação da Bíblia. CPAD: Rio de Janeiro, 2008.

• **Sobre os Atributos de Deus**

A. W. Pink. The Attributes of God. Available at http://www.pbministries.org /books /pink /Attributes/, traduzido para o português como Os Atributos de Deus, Tradução de Odayr Olivetti. S.Paulo: PES, 1990.

FIEL
Editora

A Editora Fiel tem como propósito servir a Deus através do serviço ao povo de Deus, a Igreja.

Em nosso site, na internet, disponibilizamos centenas de recursos gratuitos, como vídeos de pregações e conferências, artigos, e-books, livros em áudio, blog e muito mais.

Oferecemos ao nosso leitor materiais que, cremos, serão de grande proveito para sua edificação, instrução e crescimento espiritual.

Assine também nosso informativo e faça parte da comunidade Fiel. Através do informativo, você terá acesso a vários materiais gratuitos e promoções especiais exclusivos para quem faz parte de nossa comunidade.

Visite nosso website

www.ministeriofiel.com.br

e faça parte da comunidade Fiel

Made in United States
Troutdale, OR
09/05/2023